頭のいい人の「説明」はたった10秒！

——仕事も人生もうまくいく——

樋口裕一

青春新書
PLAYBOOKS

はじめに

たった10秒の「説明」の仕方で、人生に差がつく！

説明のうまい人がいる。説明のへたな人がいる。説明は言葉を使うだけだ。元手もかからない。時間もかからない。ほとんどの場合、10秒で事足りる。だが、その言葉の使い方で、どれほど人生に差が出てしまうことか。

説明のへたな人は長々と語る。長く語れば語るほど相手はわかってくれると誤解している。だが、現実には短ければ短いほど、相手の心に訴えかける。10秒で相手は理解する。複雑な内容について語るときにも、初めの10秒で大まかな理解を与えることができる。あとはそれに補足説明をすればよい。

その説明がうまければ、物事がすんなり進む。実際の行動で大失敗しても、他人を傷つけることをしてしまっても、上手に言葉を使いこなして説明すれば、許してもらえることも多い。

それどころか、上手に言葉を使いこなして説明すれば、相手の心を動かし、人を説得し、相手をその気にさせることができる。そうなると、その人はいやいやではなく、喜んで力を貸してくれるだろう。人をおだてていい気持ちにさせることもできる。嫌味を言う人や皮肉を言う人に切り返すことができる。周囲の人とよい関係も結べる。説明力があれば、いいことずくめだ。

ところが、言葉をうまく使えずに説明がへただと、相手に言いたいことが伝わらず、物事がうまく運ばない。人を説得できない。わかってもらえない。それだけではない。説明がへただというだけで頭が悪いとみなされ、まともな仕事を与えてもらえないかもしれない。信頼してもらえず、しっかりした人間関係を結べないだろう。

たった10秒をうまく使えるかどうかで、人生に大きな差が出てしまうといってよかろう。

とりわけ、今はテレワークの時代。WEB会議などオンライン上でコミュニケーションを行う機会が多くなった。ここでは、対面でのコミュニケーション以上に簡潔さが要求される。オンラインでダラダラ、もたもたと話していたら、聞いている人はふだん以上にイライラが募《つの》る。話している内容以上に、そのダラダラぶりばかりが印象に残ってしまい、話の長い人、無駄の多い人、できない人との烙印を押されかねない。

本書は、たった10秒で人の心を引きつけ、上手に説明して、うまく人間関係を築いていくためのテクニックを紹介している。しかも、これらはそれほど高度なテクニックではない。むしろ口下手でコミュニケーション力に自信のない人が、ほんの少し工夫するだけで身につけられるテクニックばかりだ。

多くの人が本書によって、上手な説明の仕方を身につけ、手軽に気楽に自分の人生を変え、より円滑な人間関係を築くことを願っている。本書が人生を好転させるきっかけになってくれれば、著者として、これほどうれしいことはない。

樋口裕一

目次

はじめに　たった10秒の「説明」の仕方で、人生に差がつく！……3

第1章 なぜ、頭のいい人の説明は短いのか
——わかりやすい「説明力」が身につく4原則

説明はたった10秒で伝わる……14
説明力が身につく4原則……17
第1原則 丁寧な説明はわかりにくい……18
第2原則 はじめにズバリと結論を示して、その後で補足する……20

第3原則 1回の持ち時間は30〜60秒と心得る……23
第4原則 説明は相手との対話と心得る……25
テクニック1 思い切って、結論から言う……28
テクニック2 最後にとっておきのことを語る……29
テクニック3 時には、後出しで語る……31
テクニック4 抽象と具体を使い分ける……35
テクニック5 相手がイメージできないときには、たとえ話を使う……37
テクニック6 図式化する……40
テクニック7 3つの点を示す……41
テクニック8 専門用語を使わない……43
テクニック9 わかりきったことはくどくど繰り返さない……44
テクニック10 無意識の前提を説明する……46
テクニック11 権威であることを見せつける……48
テクニック12 場合によっては立場を明かすことも必要……50

テクニック13　予告や質問をして注意を引く　51
テクニック14　ここだけの話も時には役立つ　54

第2章　たった10秒で人を動かす！シーン別徹底攻略法
――お願い、お詫び、クレーム…すぐに使える実践例

説明下手は、相手を説得することができない　58
すぐに使える！　4つのシーン別説明術　61
テクニック1　正論で攻める　63
テクニック2　戦略的にほめる　68
テクニック3　泣き落としで断れなくする　73
テクニック4　得になることを強調する　79

テクニック5　願いを聞き入れないと損をすることを強調する……84
テクニック6　賢く脅す……89
テクニック7　言質をとる……94
テクニック8　恩を着せる……99
テクニック9　既成事実をつくる……103
テクニック10　ライバル意識をあおる……107

第3章　相手をその気にさせる「ほめ方」のルール

――この誘導トークで、もっと話を聞きたくなる！

ほめるにも説明が必要だ……114
頭のいい人は「このツボをおさえたほめ方」を知っている……117

「ほめ上手」は「話し上手」……122

テクニック1 相手がほめてほしいところをほめる……123
テクニック2 具体性をつけ加える……126
テクニック3 他人の言葉として伝える……128
テクニック4 自分が関心のあることをほめる……130
テクニック5 鋭いところをほめる……133
テクニック6 あえて当人が苦手に思っていることをほめる……136
テクニック7 失敗を慰める……139
テクニック8 けなしてほめる……143
テクニック9 他人に向かって代わりに自慢する……146
テクニック10 将来性に期待する……148
テクニック11 聞き上手になる……149

第4章 「説明力」を制する者はすべてを制す
——仕事も人間関係も劇的に変わる7か条

説明がうまくなると、すべてがうまく回りだす……154
心構え1 セルフ・イメージから脱出しよう……155
心構え2 言葉の力を信じよ……158
心構え3 人と人は本当には理解しあえないと心得よ……161
心構え4 ギブ・アンド・テイクを守れ……164
心構え5 できるだけ早めに強く反対せよ……169
心構え6 嫌いな人ともつきあう……172
心構え7 発信力をつけよ……175

問題1 …… 112
問題2 …… 151
問題の回答例と解説 …… 184

本文デザイン・DTP　リクリデザインワークス

第1章

なぜ、頭のいい人の説明は短いのか

わかりやすい「説明力」が身につく4原則

説明はたった10秒で伝わる

人間はあらゆることで説明をしている。

会社でプレゼンをする。商品紹介をする。他社の担当者や顧客に対して営業する。使用法、仕事の手順など話をすることも多いだろう。これらはもちろん説明だ。

上司に対しての説明、部下に対しての説明、場合によっては部下数名に対しての研修で何らかの説明をすることもあるだろう。

仕事に関することばかりではない。人と待ち合わせをする場合、道順や一緒に食事をしようとしているレストランの状況、それを選んだ理由を説明する。自分の暮らしぶり、家族の状況を説明することもあるだろう。時には遅刻したときなどは言い訳をする。それも説明だ。

心を通わせている人に対して自分の気持ちを説明することもあるだろう。自分と交際したらきっとうまくいくと説明することもあるだろう。場合によっては、別れ話をするとき、円満に別の道を進むほうが双方に都合がよいと説明することもあるかもしれない。

そんな場合、説明が的確でてきぱきしていれば、相手は納得する。言いたいことを理解してくれて、物事がスムーズに進むだろう。

そうなれば、営業が進むかもしれない。人間関係がうまくいくかもしれない。それだけでなく、説明がしっかりしていれば、それだけで論理的に話のできる人という評価を得ることができ、できる人間、頭のいい人間とみなされるだろう。

逆に説明が苦手だとどうなるだろう。モタモタするばかりで言いたいことが伝わらない。いつまでも理解してもらえない。物事がうまくいかないだけではない。誤解が起こって、仕事に支障が起こるかもしれない。人間関係もうまくいかず、だれも自分のことをわかってくれないと悩むことになるかもしれない。

それればかりでなく、「あいつはぐずぐずしゃべるばかりで何を言いたいのかさっぱりわからん」という評価を下され、できない人間、頭の悪い人間、論理的に話をすることのできない人間という烙印《らくいん》を押されるかもしれない。

世の中には、なぜかよい仕事が与えられずに腐っている人がたくさんいるのではないか。なぜ、ほかの人には責任のある大きな仕事があるのに、自分は軽視されるのか、なぜほかの人は運がよく、自分はよくないのかといぶかしむだろう。怒りを覚えている人もいるかもしれない。

しかし、それはもしかすると、ふだんの生活で説明が下手なためかもしれない。

説明の仕方がまずいことは、仕事の中だけでなく、日常生活に現れる。ふだんから説明が下手で、愚かなしゃべり方をしていたら、その人は能力を疑われるだろう。仕事においても重要な役割を与えられないだろう。

では、どうすればよいのか。簡単なことだ。

説明を上手にできるようにすればよい。常に上手に説明できていれば、徐々にその人の論理的な能力が認められるようになるだろう。仕事のできる人間という評判も生まれるだろう。

説明の仕方については、学校でしっかり学んだことのある人は少数派だろう。みんなが見よう見まねでやっている。だから、きちんと学んでいない。そうであれば、上手にできないのも仕方がない。これから学べばよい。

説明の仕方を学ぶのはそれほど難しくはない。

ほとんどの説明は10秒もあれば足りる。たったそれだけのことなので、ここに示した4**つの原則と14のテクニックを身につけ、それを実践していけば、すぐに身につけることができる。**

ただし、この種のことは、単に頭に入れるだけでは身につかない。テクニックとして示したものについては、実際に試してみていただきたい。

初めは失敗してもよい相手を見つけて練習してみる。そして、うまくいくのを確かめてから、本番で実行してみる。そして、それを自分なりに改善していく。それをつづけることによって、すぐに説明の達人になることだろう。

説明力が身につく4原則

何らかについての説明をするとき、まず次の4つの原則を頭に入れておくことを勧める。

第1原則

丁寧な説明はわかりにくい

丁寧に説明すればするほどわかりやすくなると考えている人がいる。それが多くの人の抱いている最大の間違いだ。

むしろ逆と考えるべきだ。丁寧であればあるほど、むしろわかりにくくなる。わかりやすく伝えるには、要点を絞って、できるだけ短く伝えるのがコツだ。ほとんどの場合、10秒もあれば十分に伝わる。

たとえば、「この道をまっすぐ歩いて、最初の信号の右にはコンビニがあり、左側には弁当屋さんがある。それを過ぎて、次の信号に行くと、イタリア料理の店が左側に見える。それを過ぎて次の信号の右にはM銀行があって、左にはマッサージ店がある。その信号を右に曲がると、ラーメン屋さんとネパール料理屋さんが並んでいる。その隣にビルがあって、1階には理容室が入っている。そのビルの3階が私のオフィスだ」と言ったとしよう。おそらく、これは正確な説明だろう。だが、聞いている人にはよくわからない。

それよりは、もっと簡単に「この道を歩いて、三つ目のM銀行のある信号を右に曲がる。3軒目の理容室のビルの2階」というほうがずっとわかりやすい。これなら10秒ですむ。

なぜ、正確な説明はわかりにくいかというと、言うまでもなく、余計な情報がたくさんあるからだ。

私が予備校で教えていたころ、二人の英語講師がいた。一人は学識があり、英語力があり、熱心に生徒に自分の知識を伝えようとして、特別にプリントを配り、様々な文法事項を教えた。ところが、その講師はあまり人気がなく、すぐにほかの講師に仕事を奪われ、生徒たちもあまり力をつけなかった。

もう一人の講師は自分自身の英語力は劣っていたが、「ほかはどうでもいい。今日の授業ではこれだけ覚えろ」と教えた。わかりやすい授業だったためにカリスマ講師になった。それだけでなく、その講師に教わった生徒のほうが力をつけ、結果的にはより難しい文法事項も理解できるようになった。

人間の理解力には限度がある。あまりに多くの情報を与えると消化不良を起こして理解できなくなってしまう。余計な情報は加えずに、要点を絞ってできるだけ短く伝えてこそ、相手は理解することができる。

下手な説明をする人のほとんどは、欲張っていくつものことを語ろうとして、それを整理できずに崩壊してしまう。余計なことは語らずに絞るのが最も説明をわかりやすくする方法だ。

第2原則 はじめにズバリと結論を示して、その後で補足する

もちろん、すべての説明が10秒で終わるわけではない。もっと複雑な説明が必要なこと

もある。だが、その場合も、**最初に10秒ほどでズバリと全体像を示し、そのあとで補足する**という説明法を身につけておけば、常にわかりやすく説明できる。

たとえば、未知の駅に到着して付近を歩こうとするとき、まず駅前の地図を見て、周囲の状況を頭に入れてから歩き出すのと似ている。そうしてこそ、迷子にならず、大体自分がどこにいるか、どの方向に向かっているかを把握しながら、歩くことができる。

話をするときも、そうすることによって、聞いている人に大まかな方向を理解してもらえる。そうしないと、突然、話の中に放り込まれて、聞いているものは理解できない。

たとえば、「ラーメンが好きな理由は何ですか？」ときかれたとする。そのとき「私がラーメン好きなのは、奥が深いからです。ラーメンは、醤油、とんこつ、みそ、魚介などのスープのどれもが麺に合います。どのベースでも微妙な味わいがあります。しかも、店によってそれぞれ工夫をするのでその違いを味わうのにあきません」と答える。

初めにズバリと、「奥が深いから好き」と結論を示して、その後で、それについて補足説明をする形をとっていることがおわかりいただけるだろう。

夏目漱石の『坊っちゃん』のストーリーを説明するとする。その場合、「東京に住んでいた男が、あるとき、四国の学校の教師に赴任することになった。四国に出かけると、そこには……」というように説明する前に、まず、「これは、坊っちゃんと呼ばれる東京の若者が教師として愛媛に赴任して、学校や地域の権力者と奮闘する話」と伝えるわけだ。

こうすることで、聞いているものは大づかみに中身を理解できる。そして、ある程度、その内容に興味を持つ。そして、そのあと、徐々に説明を加えて、興味を満たしていくわけだ。

そのような説明のしかたは、新聞や雑誌の記事をイメージするとわかりやすい。これらの記事は、見出しがあり、そのあとに大まかなリードがつく。そして、それを説明する形で、いつ何が起こったかを述べる。

初めの大枠を示しているので、聞いている人は、その不足分を補う形で耳を傾ける。

小さなことは、まずは無視して説明し、それを理解できたところで、細かいところを付け加えてこそ、相手はしっかりと細かいところまで理解することができる。

第3原則

1回の持ち時間は30～60秒と心得る

人が一人で話を続ける場合、30秒を基準に考えるべきだ。文章で書くのであれば、4行くらいだろう。最も基本的なのは、第1原則で示した通り、最初の10秒以内でズバリと示した後、20秒程度でそれを補足する。文章であれば、最初の1行でズバリと示した後、3行ほどで説明を加え、合計4行程度にする。

30秒を超すと、耳で聞いている人は、筋道を追えなくなってくる。説明の仕方がうまくなかったり、内容が少し複雑だったりすると理解できなくなる。文章による説明の場合には、それよりは少し分量が多くても理解できるが、それでも、せいぜい時間にして60秒、字数で400字くらいだろう。
したがって、持ち時間30秒、長くても60秒で語るつもりでいるのが好ましい。

もちろん、複雑な内容を説明するとき、10分や20分、場合によっては1時間以上の説明をする必要があるだろう。それを30秒から1分ほどの説明をするのは難しい。しかし、その場合も、30秒から60秒ほどの一回の持ち時間を複数回使えると考えるべきだ。

多くの本に小見出しがある。その小見出しはだいたい1分ほどで読み終えるくらいの分量だ。小見出しをいくつか合わせて一つの章を作り、それを重ねていって一つの本を構成している。それと同じように、1分以内の説明を一つの単位として、その組み合わせと考える。
そう考えることによって、だらだらとした説明を避けることができる。メリハリの利いた説明になる。

第４原則
説明は相手との対話と心得る

説明は発話者が一人で長々と話す独白ではない。あくまでも、聞いている人の様子を見ながら対話するものだ。たとえ、説明が文章であるものについても、基本的には同じことがいえる。

初めから完結したしっかりした説明がなされることを前提にする必要はない。質問されるのを想定の上で説明すればよい。質問を導き出すような説明をし、質問を受けてから次の説明をするのでもよい。

初めは不完全でも、最後になって誰もが納得するような説明が最も好ましい。説明というものを、そのようなやり取りの中にあるものとして捉えるべきだ。

初めからすべてを語ろうとすると、長くなる。余計な要素が入り込む。なるべくシンプルに説明することを心がける。そして、質問があったら、次にその質問に答える。

文章にする場合も、Q&Aの要領で徐々に答えていく形を考えると、説明しやすい。実際にそのような形式にするしないはともかく、説明を聞いたものがどのような疑問を持つかを想像しながら、それに答えるように説明していくのが望ましい。

そして、それぞれの質問や疑問に対して、ズバリと短く伝えるように心がけるのが望ましい。

口頭による説明の場合、聞いている人が理解できているかどうか、その表情をうかがいながら語らなければならない。理解していないらしいことがうかがわれたら、もう一度繰り返したり、「ここまで、よろしいですか?」などと確認して先に進めなければならない。

的確な説明をするには、区切りごとに、聞いている人の表情に気をつけなければならない。気をつけてさえいれば、表情を読むのにテクニックは必要ない。理解できずにいると、納得できない表情をする。目が泳いでいたり、「ここまでよろしいですか」と尋ねたときに、即座に答えなかったりする。

もちろん、説明をそもそも完結したものと考えるべきではない。説明の仕方は相手の理解度によっても変化する。周囲の環境によっても変化する。説明者と聞いている人の関係性によっても変化する。一律にとらえることはできない。

ところで、これまで4つの原則を示したが、それぞれの原則についての説明の文章に数行ごとの行間を加えていることに気づかれただろうか。

これらの説明は、すべて4原則に基づいて書いている。それぞれの項目は最初に要点を示し、その後、それについて説明を補足している。そして、それぞれの項目は1分程度の分量になっているはずだ。そうした項目を重ねることによって長い説明を構成している。

これらの説明を一つの模範例として活用していただきたい。

ただし、それらの説明は、口頭ではなく、文章で示しているので、それぞれが少し長めになっている。文章の場合には口頭の場合よりも情報量が多くても理解されるので、それを配慮してこのような構成にしている。

では、以上述べた4つの原則を頭に置きながら、もっと具体的なテクニックを示す。

テクニック1 思い切って、結論から言う

日本人は、ズバリと何かを示すことに慣れていない。だから、断定するのをためらう。英語などでは、質問をされたら最初にイエス・ノーを答える。だが、日本人は、最後まで聞かないと、いやそれどころか最後まで聞いても、イエスなのかノーなのかわからないような話し方をする。

だが、それではわかりにくい説明になってしまう。当たり障りのないことをあれこれ言っているうちに、とりとめのない内容になる。いつまでも本題に入らなくなる。何を言っ

ているのかわからなくなる。

ともかく、結論から語ると自分に言い聞かせる。そして、思い切って結論を最初に言う。これは決断の問題であって、決して難しいことではない。

もちろん、場合によっては最初から結論を言ったのでは、相手の気を悪くする場合がある。それについてはテクニック３で説明する。だが、まずは、最初に結論を語るのが原則だと考える。その練習をふだんからしてみる。そうすれば、意外に簡単にわかりやすい説明ができることに気づくだろう。

テクニック２
最後にとっておきのことを語る

最初にズバリと結論を示して、そのあとにいくつかの具体的内容や根拠などを語るとき、最も説得力のある内容を最後に持ってくるのが、上手な説明のコツだ。

つまり、「このようにするべきだ。その理由は、AとBとCだ」と語るとき、AよりもB、BよりもCに説得力があり、聞いている人が感心するようなものであるのが望ましい。しばしば、最初に説得力のある内容を語って、だんだんとあまり説得力のない内容に移っていく人がいる。だが、それでは最後の印象が弱い。竜頭蛇尾になってしまい、印象が弱まる。

それよりは、最後に説得力のあることを語って、印象を強めるほうがよい。

音楽でも映画でも小説でも、最後にかけてだんだんと盛り上がっていく。初めに威勢がよくても、だんだんとトーンが弱くなっていったら、期待を裏切ることになってしまう。

説明をするときも、それと同じように考える。

たとえば、「彼は有望な新人です。英語がネイティブ並みにできるので、外国人との交渉が得意です。いつもきちんとした身だしなみをしています。真面目で誠実です」

というよりは、

「彼は有望な新人です。真面目で誠実です。いつもきちんとした身だしなみをしています。英語がネイティブ並みにできるので、外国人との交渉が得意です」

と語るほうが、聞いている人の納得感は大きいだろう。なにしろ、「真面目で誠実」という十人並みの長所よりは、「英語がネイティブ並みにできる」というほうが相手に与える印象が強い。

最後に印象の強い内容を持ってきてこそ、相手は納得する。

テクニック３ 時には、後出しで語る

これまで説明してきた通り、初めにズバリと結論を示して、そのあと、それに補足説明を加えていくのが基本だ。だが、時には、むしろ、結論を後出しにすることによって、説明に幅が生まれ、より説得力が生まれることがある。

日本社会では、とくにズバリと意見を言ったり、結論を先に語ったりするのを避ける傾向にある。とりわけ、目上の人に説明する場合、とくにそれが悪いニュースである場合、

先に言い訳じみたことを言った後に大事なことを切り出すことが多い。したがって、説明の仕方も、そのような場合に応じた言い方をするほうが現実的だ。

次のような場合には、先に具体的な説明を示し、そのあとで結論を示すほうが好ましい。

①はっきりと言いにくいとき

初めに答えを言ってしまうと、場合によっては相手を怒らせそうで怖いときなど、初めに顔色をうかがいながら、理由を言って、最後にそれをまとめる形をとる。

例

昨日の夜、突然、電話で課長から資料をまとめるように指示がありまして、その後、自宅で朝方まで作業をしておりました。そのまま会社に来ればよかったのですが、ひと眠りしようと思ってしまいました。その結果、寝坊して遅刻してしまいました。

（最初から「寝坊が原因で遅刻した」と語ると、相手に怒りを買うかもしれないので、徐々

にそれに納得がいくように語っている）

②決断までにためらいがあったとき

どのようにするか十分にためらったのちに、状況などを見て決断したのだと相手にわからせたいときにも、この形が有効だ。決断に至るまでの自分の考えの過程を語って、相手に、どれほど迷った末の決断であったかをわかってもらうようにする。

例

S社は技術力では信頼できるのですが、わが社とのパイプとなっているMさんが退社します。その点、T社の場合、近年、技術力をつけてきておりますし、担当のKさんはわが社との共同事業にも以前から参加している意欲ある若者です。そのような理由で、T社に優先的に働きかけたいと思っています。

（先に説明を語ることで、ためらった後に、熟慮の末に決断したことを示すことができる）

③理由を聞かせたいとき

人に聞かせて、持たせぶりをしたいときにも、結論は後にする。聞いている人に、「どちらだろう」と思わせ、注意して聞かせるときに、この方法は有効だ。結論を先に言ってしまうと、誰も聞かなくなる。

例

商談を諦めかけたとき、向こうの課長が突然、私を見ながら、「もしかして、3月のイベントで司会をしていたSさんですか」と言いだしたのです。私が裏方の人たちに配慮したことにとても感心してくれました。それもあって、企画も信頼してくれて、全面的バックアップを約束してくれました。

（臨場感を持たせて、ドラマ風に自分の成功を物語ろうとしている。初めに結論を言ったのでは効果が薄れる）

なお、この場合も、最も標準的でわかりやすいのは、30秒、４行を目安に語ることだ。そのくらいの分量だと、頭に入りやすく、誰もがすぐに、理解できる。

前置きがあまりに長いと、相手が上司だったりすると、「ぐずぐずしないで、さっさと結論を言え」と叱られることになる。

テクニック４
抽象と具体を使い分ける

物事を説明するとき、抽象と具体を使い分ける必要がある。抽象的なことだけ言ったのでは、聞いているほうはイメージできない。逆に、具体的なことばかりでは、一般化できない。

たとえば、「山の中で暮らすのは大変だ」と言っただけでは、山の中での生活を知らない人にはイメージできない。

「日が暮れると、あたりは真っ暗になって、時にはシカやイノシシが出て、畑や木を荒らす。病気になっても、近くに病院がないので、基本的に自宅で寝て過ごすことが多い。車がないと、一番近くの八百屋まで歩いて2時間かかる」などと具体的に言って、初めてその大変さがわかる。

逆に、具体的なことばかりでも、相手に伝わらない。「日が暮れると、あたりは真っ暗になって、時にはシカやイノシシが出て……」と語ったとしても、山の中の生活の楽しさを語っているのか、大変さを語っているのか、あるいは動物の生態について伝えたいのか相手に伝わらない。

このように、**抽象的に説明したら、そのあとにそれを説明するために具体的な説明を加える。具体的なことを語ったら、抽象化してまとめる。**そのように心に決めて語る癖をつけておく必要がある。

ところで、具体例を示す場合、それはそれにふさわしい例である必要がある。せっかく、「山の中の生活は大変だ」と語って具体的な例を示し始めたのに、山の中で山菜採りをしておいしいものを見つけたときの話など始めると、聞いているほうは混乱してしまう。

なお、抽象と具体というのも、初めにズバリと言いたいことを語るか、あるいはそれを後回しにするかという二つの説明法だということを確認しておこう。

言うまでもなく、先に抽象を示して、そのあと具体的に説明をするのは前者、先に具体的な内容を示して、あとで抽象化するのが後者だ。その両方を繰り返しながら、人は説明をしていくわけだ。

テクニック５

相手がイメージできないときには、たとえ話を使う

人はまったく未知のものを理解することはできない。山林で暮らしたことがなく、山林での暮らしをテレビでも見たことがない人に、山林の生活の心構えを語っても、まったく理解できない。

何かを理解するときには、必ず自分の過去の体験や何かで読んだり聞いたりした似たよ

うな状況に置き換えて理解している。置き換えて考えるような体験を持っていなかったら、理解できない。逆に言えば、説明する者は、聞いている人がイメージできるように話をしなければならない。

話をわかりやすくするためには、たとえ話が有効だ。イエス・キリストやお釈迦《しゃか》様の話にたとえ話が多いのに気づかれる方もいるだろう。

未知のことを説明するとき、すでに相手がよく知っているほかのことにたとえてみるのが最もわかりやすい。

微生物の働きを人間のある種の職業にたとえたり、物理現象を人間関係にたとえたりする。会社の人間関係を、野球やサッカーの選手や歴史上の人物にたとえて話をしたり、頭を整理したりしている人も多いだろう。それを利用して、説明に加える。

私がよく使うたとえ話は、「文章を読むことを重視する国語教育では、読解力は高まらない。実際に書くことが大事だ。書くことによって読めるようになる」ということを言いたいときに使うものだ。

「いくらサッカーや野球をテレビで見ても深く見ることはできない。深く見ることができるのは、実際にそのようなスポーツをしたことのある人だ。実際にやったことのある人が、選手の気持ち、技術、作戦などを理解できる。それと同じように、文章の読み方をいくら学んでも限界がある。実際に書いてみると、書く人間の気持ちがわかって読めるようになる」

そう語ると多くの人が納得してくれる。

説明がしにくいとき、何かにたとえることができないかを考えてみるといいだろう。

ただし、たとえ話を考えるとき、聞いている人の年代を意識する必要がある。

若者が対象なのに、昭和の出来事にたとえたのでは、わかりにくいだけでなく、古臭さを感じてあきれられてしまう。

逆に、高齢者を相手にしているときに、若者にしか通じないたとえを出しても、興味を失われてしまう。目の前にいる人に通じやすいたとえを考える必要がある。

テクニック
6

図式化する

説明するとき、ある程度単純化し、図式化する必要がある。場合にもよるが、初めから正確さを求めると、聞いている人間はとらえきれなくなってしまう。

まずは大まかに理解してもらって、だんだんと細かいところを理解してもらうようにする。そのためには、まずは多少不正確でもよい。例外がいくつあってもかまわない。ともあれ、基本的な原則をまず理解してもらう。そのためには、ある程度、単純化して示す必要がある。

たとえば、山村での生活について語るにしても、その長所・短所などと簡単に分けることはできない。人里離れているということ自体が長所でもあり短所でもある。お店から遠いことも、必要なものが買えない点では短所だが、無駄な買い物をしない点では長所だろう。だが、そのようなことを言い出すと、話がまとまらないし、人に山村暮らしの状況をわかってもらえない。

細かいところは後回しにして、「山村暮らしには長所がいくつかある」などとして、その説明をするほうが、話がしっかりと伝わる。

テクニック7
３つの点を示す

説明をするとき、箇条書き風にするとわかりやすくなる。しかも、その際、前もって、「3つの問題点がある」などと、数字を示しておく。

もちろん、たくさんの問題点を整理するのは難しい。いくつもの要素が入り混じっているために、すっきりと分けにくいものだ。先ほど示したように、長所とも短所とも言い難かったりする。だが、そのような言い方をすると相手に伝わらない。

あえて大まかに、「2つの問題点がある」「3つのことが、今話題になっている」などとする。

なお、このような場合、もっと好ましい数字は「3」だ。もちろん、2でも4でもよい。だが、3が最もまとまりやすい。

2つだと少々心もとない。もう少し説明がほしい。だが、4つ以上であると、聞いているものはとらえきれなくなる。3つであれば、十分に整理でき、理解でき、把握できる。

実際には、4つであったり、5つであったりしても、3つにまとめるのもうまい方法だ。**説明するとき、ともあれ、常に、「3つの理由がある」「3つの問題点がある」などと言ってみて、ちょっと無理やりにでも3つにまとめるようにする。**

フランス人は、実際に3つのことを頭の中に用意できていなくても、「私はそれに反対だ。理由は3つある」などという言い方をするといわれる。

私自身もフランス文学を学んでいたころ、そのような話し方を実際に何度も体験した。実際に話し始めて、理由は3つでなくて2つだったり、場合によっては4つだったり5つだったりしたものだ。だが、ともあれ、このような話し方は論理的でわかりやすい。フランス人の話し方をまねてみるのもいいだろう。

そうすることによって、頭の整理もできる。相手に理解しやすいように指示することもできる。

テクニック 8 専門用語を使わない

どの領域にも専門用語がある。あるいはその領域特有の考え方がある。その領域にいる人たちはそれを当然と考えているので、専門用語だという認識さえない。だから、初心者に説明するときにもそれを使ってしまう。そうすると、典型的な悪い説明になってしまう。

もちろん、専門用語を使わないと、その先何も説明ができないという場合がある。そのような場合には、きちんと説明を加えて使い始める必要がある。そして、二度目、三度目に出てくるときにも、聞いている人がそれを忘れているかもしれないという配慮のもとに使う必要がある。

また、専門用語は日本語の漢字の略語だったり、英語の頭文字だったりする。元の言葉がどのようなものなのか、英語の略字だったりすると、元の英語の意味はどのようなことなのか気にする人がいる。それも必要に応じて説明する必要がある。

テクニック9 わかりきったことはくどくど繰り返さない

説明をするとき、みんなが知っていることをくどくど繰り返す人がいる。だが、それは信頼をなくしてしまう。

もちろん、多数の人を相手に何かの説明をしていて、それについてすでに知っている人がほんの一人か二人であれば、かまわない。だが、大多数の人が知っていることを繰り返すべきではない。それを繰り返してしまうと、わかりきったことしか言わない人と考えられてしまう。もっといえば、愚かと判断される。そうすると、**聞いている人の集中力をそいでしまう。**そもそも時間がもったいない。

私が体験したのは、高校の先生たちを前にしての予備校の講師のスピーチだった。高校の先生たちは間違いなく、その情報を知っている。ところが、予備校講師はそれを丁寧に長々と説明する。はたから見ていても、先生たちの注意力がそがれてゆき、講師に対する敬意を失っていくのを感じたのだった。

そのようなとき、どうしても、話す必要があるのなら、あるいは、聞いている人の中に、すでにそれを知っている人が何人か交じっているような場合には、前もって一言、**「釈迦に説法だと思いますが」といった前置きをして話し始める**のが望ましい。そして、聞いている人の表情を見ながら、相手がすでに知っていることだと感じたら、それをさっさと切り上げるようにするべきだ。

テクニック 10

無意識の前提を説明する

どの領域にも特有の考え方がある。私は教育業界に身を置いているが、教育業界に特有の考え方がある。製造業や金融業、医療の世界などにも、もちろんそれぞれの考え方があるだろう。

その考え方については、その領域の中に長くいる人は、あまりに当たり前のことなので、人に説明するべきものとも思っていない。ところが、説明を聞いている初心者には、それがわかっていない。そのために、それを抜きにしていくら説明しても納得してもらえないことがある。

中学、高校のころ、数学の時間に因数分解だの微分積分だの座標軸だのといったことが出てきたとき、「なぜそんなことをする必要があるんだろう」「今、何をしているんだろう」という疑問に駆られた人も多いだろう。ところが、数学の先生は、それを当たり前と思っているので、生徒にわかるように説明しない。生徒としては、納得できないことが増えていって、結局は数学そのものにつまずいてしまった。そんな人も多いのではないか。私がまさにそうだった。数学が苦手になった人の多くが私と同じような経験をしているのではないかと思う。

のちにフランス語を始めたときも、先生が最初に「フランス語には男性名詞と女性名詞があり、ネクタイ、机、本などという単語にも男性・女性の区別がある。そのため、男性名詞か女性名詞かによって、冠詞も形容詞も変化する」とこともなげに説明してくれたときも、私は途方に暮れた。なぜ一般の名詞に男性・女性の区別があるのか納得できず、それを受け入れることができなかった。そうなると、頭がそこでストップしてしまって、その先に勉強を進めることができなかった。

正しい答えでなくてもいい。とりあえずの説明でよい。ともかく、そのようなことをする何らかの理由を納得させる必要がある。場合によっては、「これこれに疑問を持つ方もおられるでしょうが、やっていくうちにわかっていくと思いますので、今のところは気にかけないでください」という一言でもいい。「日本語も英語もたまたま男性名詞・女性名詞の区別がないけれど、その区別のある言語も多いんです」といったことでもいい。

それがないと、疑問が重なって、置いていかれる気持ちになる人間がいることを頭に入れておく必要がある。

おそらく、その種のことについては、語っている人も、初めてその事柄に接したときには疑問に思ったはずだ。それを忘れずに、根本的な疑問点についてはきちんと説明するのが望ましい。

テクニック 11

権威であることを見せつける

説明をするときには、様々な場合がある。講習会や研修会などで講師が大勢に向かって説明することもある。上司が新人の少人数に向かって説明することもある。逆に、部下が上司に状況を説明することもある。

だが、説明するからには、説明者は自分が語っている内容についてはほかの誰よりもよく知っていることが前提になる。つまりは、その道の権威だ。

したがって、説明するからには、そのことについては権威だということを示す必要がある。そうでないと、語っている内容を疑われる。きちんと聞いてもらえないことになってしまう。自分が語ることにしっかりと耳を傾けてもらうには、それなりの工夫が必要だ。

そのために、初めのうちに、聞いている人に「なるほど、この領域には、思いもよらないことがあるんだ」と思わせるような事柄を加えるのが望ましい。

山林の仕事について語るとすれば、「都会の人には想像もつかない、このようなことがあるんですよ」と語ることで、その道のプロであることをアピールできる。

自慢としてではなく、あくまでも情報としてさりげなくそれを示すことによって、その後の話がしやすくなる。

テクニック12

場合によっては立場を明かすことも必要

説明する人が語っている内容については完璧によくわかる。しかし、語られていないこと、たとえば、そもそもなぜその人がそのような説明をしているのかなどがよくわからない。そのため、その人の説明に納得できない。そんな場合があるものだ。

たとえば、無料のプランを持ち掛けてきたとする。それを無料で利用できれば、どう考えても、聞き手には大きな利益があるが、話している当人には何の利益も出そうにない。それなのに、そんなに熱心に売り込んで、どんな得がその話し手にあるのか。それを理解しないと、信用する気になれないものだ。場合によっては、何か裏があるのでは？　時には、もしかしたら詐欺では？　という疑念を抱くのも当然だろう。

そのような場合には、自分の立場、自分の狙いをきちんと示すほうが説明がスムーズにいくことがある。

「いえいえ、無料でも、私たちには十分な利益があるんです。私たちが狙っているのは、**ここなんです**」と言ってくれると安心する。

良くも悪くも、社会はギブ・アンド・テイクで動いている。損になることは基本的にしない。一見、損に見えることであっても、長い目で見れば得をするだろう。

そのような**納得があってこそ、相手は説明を信じる**ということも頭に入れておく必要がある。

テクニック 13 予告や質問をして注意を引く

数十分かけて説明をする場合、立て板に水のような説明が理想的な説明かというと、そんなことはない。**流暢《りゅうちょう》に説明をすると、聞いている人間に眠気を催させ、注意散漫にしてしまう**恐れがある。注意を促すためにも、時に持たせぶりをしたり、間をあけたり、言い淀《よど》んだりすることも必要だ。

「こんな場合、どうなると思います?」などと質問してみるのもいいだろう。あるいは、**「実は、この後、とんでもないことが起こったんですよ」**などと言って、聞いている人の興味を引くのもいいだろう。

「もっとうまい方法については、後ほど説明します」などと大事なことを後回しにして、興味を持たせることもできる。

いずれにせよ、語り方に工夫を加えて、聞いている人が楽しめるようにするわけだ。

もちろん、これは高度な技術なので、初心者がすぐに使いこなそうとする必要はない。だが、そのような遊び心も欲しい。

そのためには、語り口も、ちょっとゆっくり話したり、少し間を置いたり、小さな声にしたりといった工夫があるとよいだろう。一本調子では、どうしても聞いている人の注意がそれてしまう。

声の抑揚を変えたり、突然、声を低めたりすることによって、聞き手の注意を引くことができる。その結果、わかりやすい説明になる。

使いやすい方法をいくつかまとめてみる。

①予告（後で語ることについての興味をかき立てる）

「実は、このために予想外のことが起こるんです」

「世の中、思い通りにいかずに、この後苦労することになります」

「社長がこの後、アッという解決策を見つけ出したのです」

②質問（聞いている人に質問して、注意を喚起する）

「これには大きな問題がありました。皆さん、その問題というのは何だと思いますか」

「この後、何が起こったと思います？　ヒントを言いますと……」

「皆さんの中に、年頃のお嬢さんをお持ちの方はおられますか？　お持ちでしたらおわかりだと思いますが……」

③確認（聞いている人が理解しているかどうかを確認する）

「ここまで、おわかりいただけたでしょうか」

④言い淀《よど》む（言い間違い、記憶漏れなどを示す。ただし、故意に行うと、わざとらしくて、信頼を失うことがある）

「ちょっと名前を忘れたんですが、昔、イケメンの男優さんがいましたね。『金妻』にでていた……。その男優さんの経営しているレストランで、今度、イベントを行います」

テクニック 14

ここだけの話も時には役立つ

内部事情を漏らしたり、舞台裏を漏らしたりするのは、決してスマートな説明ではない。

「これには、係長は実は反対なんですが」「ここだけの話、これには裏がありまして」「表向きにはできないことなんですが、実は」といったタイプの話だ。

　これは何度も使うとあざとくてわざとらしい。そのような話しぶりを得意技にする営業マンなどはあまり信用されないだろう。しかし、ここぞというとき、説明に説得力を持たせるために、そうした内容を加えることも必要だろう。もちろん、それがまったくの嘘ではない場合に限る。嘘であったり、あまりに大きな誇張が交じっていたりしたら、むしろ後々にそれが発覚して信用を失うことになりかねない。

　ただし、繰り返すが、そのようなことは使うべきではないとわかったうえで、時に使用するのは必要なことだ。

第2章

たった10秒で人を動かす！シーン別徹底攻略法

お願い、お詫び、クレーム…すぐに使える実践例

説明下手は、相手を説得することができない

人を説得する。つまり、自分の言い分や要求を相手にわからせ、納得させる。もちろん、説得にも説明が必要だ。単に強引に自分の言い分を主張しても、相手は不快になるだけで、説得されることはない。言い分や要求や気持ちを説明してわからせてこそ、相手は納得する。だから、説得するには説明が不可欠だ。だが、説得するには、これまで語ってきた説明とはまた違ったテクニックが必要だ。

説得の名人がいるものだ。その人に頼まれると、嫌と言えなくなってしまう。その人に謝罪されるとすぐに許したくなる。その人に反論されると、快く折れてしまう。その人に抗議されると、自分が悪かったとつい謝りたくなる。その人に何か言われると快く相手の言うことをかなえてあげようという気になる。あるいは、しぶしぶでも、とりあえず、いうことを聞き入れようと思う。その人が何も言わなくても、自分から一肌脱いでやろうという気持ちになることさえある。そんな人だ。

一方、人を説得するのが苦手、という人もたくさんいるだろう。何かを人に頼んでも、相手に言い返されると何も言えなくなる。どう説得すればよいのか、どう頼めばよいのかわからないで、つい引き下がってしまう。自分のほうに理がある場合も、それを主張できず、泣き寝入りしてしまう。そんな人が失態を演じると、目上の人は許す気持ちがなくなる。詫《わ》びを言ったり、言い訳を重ねたりすればするほど、聞いているほうは怒りがこみ上げてくる。そんな人だ。

この差は大きい。若いころから、上手に頼みごとをし、相手をその気にさせることのできる人間とそうでない人間の間には、恐るべき差がある。会社に入ってから、前者のタイプの人間が上司をその気にさせ、取引先の人間をその気にさせれば、とんとん拍子に出世していくだろう。

とりわけ、目上の人に感じよく反論することは社会人にとって最も大事な能力だ。社会に出たら、なんでも言いなりになるわけにはいかない。時に反論し、自己主張しなければならない。だが、目上の人には真正面から反論しづらい。生意気と思われてしまう恐れがある。目下の人間に言い負かされることにプライドが傷つく上司もいる。しかし、そこをうまく反論することによって、相手からも一目置かれ、周囲からも信頼される。

このタイプの人は、もちろん私生活でも、多くの異性の心をつかみ、これぞと思った相手に愛されるだろう。相手に納得させせながら自分の言い分を通していくのだから、それも当然だ。信頼される人間とみなされるに違いない。

それに対して、後者のタイプの人は、相手を説得できないので、常に他人の言うことを聞くばかりだ。上司や先輩に使われ、時には同期の人間にも後輩にも使われることになってしまう。人生のいろいろな場面で悲しい思いをすることになるだろう。せっかく能力があるのに、冷や飯食いということにもなりかねない。上手に立ち回れないのだから、友人からの信頼も厚くないだろう。

逆にいえば、とんとん拍子に出世している人は、このようなテクニックを身につけた人だと言えるだろう。そして、なぜか冷や飯を食っているのは、このテクニックを十分に身につけていない人だろう。

人を説得できずに困っている人は、説得上手な人を真似て、説得術を身につけてはどうだろう。いや、それどころか、誰よりも説得上手になってはどうだろう。

本章では、かなりきわどい手口も含めて、うまく人を説得し、相手に言うことをきかせるテクニックを解説する。

ただし、1つのテクニックだけでは弱いこともあるかもしれない。そのときには、2つか3つのテクニックを組み合わせ、手を替え品を替えて説得してみることを勧める。どのテクニックを使うか、前もってじっくり考え、計画を練った後で使うといいだろう。

すぐに使える！ ４つのシーン別説明術

これから日常の中で多くの人が遭遇しそうな4つの場面を設定し、それぞれ、依頼、謝罪、抗議、反論をする技術について説明することにする。

①依頼

さまざまな事情のために、お金を使い果たしてしまい、生活費に困っている。そこで、会社の同期の友だちに「10万円貸してくれ」と頼む。

②謝罪

転職の相談のために、先輩の知り合いに時間を取ってもらったが、ほかの仕事が忙しくて、約束をすっぽかしてしまった。しかも、仕事に追われるうち、連絡を入れるのが1時間ほど遅れてしまい、相手を喫茶店で待たせてしまった。それを詫びたうえで、もう一度会ってほしいと思っている。

③抗議

近くの電器店の大売り出しでノートパソコンを購入したところ、ディスプレイ画面に傷があった。翌日、店に行って交換を求めたが、店員は「販売時には傷はなかった」と主張して応じなかった。ウソつき呼ばわりする店員の対応に抗議し、新品に交換してほしいと店主に要求する。

④反論

係長が新規事業開拓の企画を出したが、そのための人員確保が難しく、現在の人員ではオーバーワークになってパンクする可能性が高い。考え直させたいが、やる気のある積極的な係長なので、誰も反論できずにいる。

テクニック１

正論で攻める

まずもっとも正攻法なのは、正論で攻めることだ。

「そうすることが正しい」「そうしないと正義に反する」「そうすることに社会的意義がある」「人助けになる」と強調する。会社内で発言するときには、「会社のためになる」「利益を生む」という方向で正当化する。

どんな説得であっても、まずこのテクニックを使うべきだ。初めから、この後に説明する奥の手を使うべきではない。奥の手は、正攻法の合わせ技として使うのが好ましい。

言い換えれば、まったく理がなければ、相手を説得するのはかなり難しい。とくに弱い立場の人間が、正当性がないのに目上の人を動かすのは不可能だろう。目上の人間が目下を説得する際にも正当性が必要だ。企業において、社長が後継者に自分の息子を選ぶにしても、息子がそれにふさわしい経験と能力を持っていることを何らかの形で示す必要がある。そうでないと、相手にしぶしぶ認めさせることになってしまう。そうなると、相手に態度を見透かされ、能力を見くびられたり、無理強い感を与えて意欲をなくしたりしてしまう恐れがある。

たとえば、10万円貸してほしいというときに、「そのお金で遊びたい」「その10万円を自分の趣味に使いたい」と言っても誰も貸してくれない。多少嘘が交じっても（ただし、嘘はのちに発覚すると信頼を失うことになるので、安易に嘘をつくべきではない）、その10万円を正しいことに使うということを示す必要がある。

①依頼の例

田舎から両親が出てきたので、心配かけまいと思って両親の滞在中、俺がお金を全部出したんだよ。そうしたら、今月になってまったく余裕がなくなって、食費さえなくなってしまったんだ。親の前でいいところを見せた俺が悪いんだけど、10万ほど貸してくれないか。

このテクニックを用いるときには、ともあれ、まじめに意志を貫いた結果、困ったことになっていることを示す必要がある。ここで、「そんな目にあっているのは自業自得だ」「ほかにも、危機を脱する方法はあるはずだ」と思わせないように考えて言うことが大事だ。

②謝罪の例

せっかく時間をいただいたのに、大変申し訳ありません。突然、急用が入ってしまい、しかも電話の通じないところにいたもんですから、連絡もできずに失礼しました。

もし、うっかりしていて忘れてしまったにしても、それを口に出して言うと、相手からの信頼を失う。このような場合にはある程度の嘘もやむを得ない。ただし、嘘を正当化しようとしてあれこれと細かく言いすぎると、むしろ信憑性《しんぴょう》がなくなって、相手に怪しまれてしまう。あっさりと行けなかった事情を示すくらいにしておくのが望ましい。

③抗議の例

御社で購入したＰＣを使ったところ、ディスプレイに不備があったんですよ。これに対しては、発送時点で問題があったわけだから、品物を丸々換えるのが原則でしょう。店員さんにこのことを話したら、まるで私が傷をつけたように言われましたが、あまりに失礼です。完全なものを提供してくれるのがお店の義務でしょう。

理路整然と語るのが望ましい。自分に落ち度はないこと、こうするのが原則のはずだという点を押し通す。まずはこのタイプの語りで説得する必要がある。ここであまりに感情的に怒ると、むしろクレーマーと勘違いされ、警戒されてしまう。感情的にならないほうが事実をそのまま語っているという印象を与えることもできる。

④ 反論 の例

係長の企画は斬新でとても納得のいくものですが、それを実現しようとすると、人員がかなり必要です。今のうちの社では、それに回せる人員はいません。現有戦力を回すと、今でもやっと動いている従来の仕事がおろそかになってしまいます。

もし目下の人間が相手であれば、頭ごなしに否定することもできるが、目上の場合にはそうはいかない。目下であったとしても、その正当性はきちんと認める必要がある。「斬新でとても納得がいく」「さすがと思わせる」などと言った後に、その欠点を示す。しかも、**「よくない」というパターンではなく、「よいものであるが、実行しようとすると難しい」という方向で語る**のが望ましい。

テクニック2

戦略的にほめる

ちょっと戦略的に話をして上手に説得しようとするとき、「ほめる」というのは最も効率的でもっとも簡単なテクニックだ。なにはともあれ、この手を使うことを考えるといい。もっとも日常的にも、多くの人が使っているテクニックだろうが、ここで少しそのテクニックを磨くことを考えよう。

誰かにお願いをするとき、用件だけを言うのではなく、「あなたはすばらしい。だからきっとしてくれるはずだ」「こんなことを頼めるのは、君のように、私のことを信頼してくれていて、誰からも信頼されるような人しかいない」というように、ほめて相手が断れないようにするわけだ。

これはほとんどの場合、願いを口に出す前に言っておくほうが効果的だ。前もってほめておくと、言われたほうはいい気分になって寛大になってくれるだけではない。気の弱い人は、あまりほめられると、それだけで相手を拒絶することができなくなって、気圧《けお》される形で願いを聞くしかなくなってくる。**せっかく尊敬してもらえているのなら、それを維持したいと考える。むげに断ることがしにくくなる。**そんな効果もある。

ただしもちろん、あまりに白々しいほめ方では、魂胆を見透かされてしまう。相手がほめてほしいと思っていることをほめるのが望ましい。そうすることで、相手の信頼も増し、長期的によい関係を築くことができる。

①依頼の例

君は苦労人でほかの誰よりも人生を知っているし、人のことを親身になってくれる人なので、みんなが頼りにするんだと思う。僕も君が頼りなんだ。そんなわけで、ほかの人に頼めなくて君に頼むんだけど、10万円貸してくれないかな。実は……。

この例のように、相手が自分にとって特別な存在であることを示すのもよいが、それだけでは弱い。「苦労人だ」「みんなから能力を認められている」「誰よりも力がある」「ほかの誰よりも頼りがいがある」などと客観的に優れていることを示すとよい。そうすると、相手としてもむげにできない気分になる。ただし、しつこすぎると、むしろ嫌みに感じられるので、加減が必要だ。

②謝罪の例

〇〇さんは最高に素晴らしい方でぜひ相談に乗ってもらえと先輩に言われまして、時間を取ってもらえたので、とてもラッキーだと思っていましたのに、本当に残念でした。

できるだけ相手が立派な人物であること、その人の話を聞けることがどんなに大事だと思っているかを強調する。また、間に立つ人がいる場合には、その人をほめることも忘れてはならない。そうすることによって、その紹介である相手の人間をほめることにもつながる。ただし、これについても、あまり大げさに言うと白々しくなるので、加減をしっかりとはかっておく必要がある。

③ 抗議の例

私はおたくのお店が好きで、よく利用させていただいているんです。店員さんの感じがよくて、製品についてよく知っていて、量販店と違ってアフターサービスもいいのでずっとひいきにしてます。それだけに今度のことはショックなんです。商品に傷があるだけでもショックなのに、店員さんから嘘をついているように言われるなんて。

クレームを言うときには、「ずっとひいきにしていた」「これまで満足していた」「とてもよいお店だと思っていた」という言葉をつけるのがうまい方法だ。 初めからけんか腰では、相手も警戒する。たとえ正当なクレームであっても、理不尽なクレーマーではないかと思われては心外だろう。このようにきちんとおだて、常識のある顧客であることを示したうえで、今回の製品に不備があったことを強調するわけだ。

④ 反論の例

係長の企画ですから斬新なところはたくさんあるんですが、それを実行するには人員不足です。まだ報告していませんでしたが、今のプロジェクトに予想以上の人員を取られてしまいそうです。もちろん係長のような優秀な人員がほかにいるんでしたら、係長の企画はできるでしょうけど、係長以外の人に係長の真似はできないんですよ。そうなると、これまでの仕事もまともに回らなくなってしまいます。係長なら、2つのことも3つのことも人並み以上にできるでしょうが、ほかの人にはそれは無理です。

「あなたほど優れた人がほかにいないので、それを実現するのは難しい」というパターンは様々な場面で使える。このように言われると、反論されたほうも悪い気はしないので、すぐに主張を引っ込める。「なるほど、私ほど優れた部下はいないので、この仕事は実現しないだろうな」と自己満足とともに考えるわけだ。

テクニック
3

泣き落としで断れなくする

人にお願いをするとき、もう一つの最も簡単で最も効果的な方法は、泣き落としだ。「あなたが助けてくれないと、私はひどい目にあう。どうか助けてください」、「私は悲しい目にあわされて現在のような状況に陥っている。どうか助けてほしい」と懇願するわけだ。どれほど苦労しているか、どれほど涙ぐましい努力をしているかを話すという方法もある。いずれにしても、そうやって相手の同情心を誘う。

親子の情、貧乏話、友情話などが同情を買いやすい。金を貸してほしいと直接言うのではなく、そこに貧しくも美しい物語があると、それを聞く者は必ず同情し、ついお金を貸したくなるものだ。しかも、何かの被害者として自分を描くと、一層効果が上がる。

けなげさをアピールするのも、泣き落としの一つといえるだろう。どんなにまじめに、真剣に行動しているかをアピールして、それに共感して願いを聞いてもらう方法だ。一生懸命に仕事をしている様子を語ると、同情が増す。

相手が同情心の強い人間だったり、親分肌の人間だったら、とりわけ効果的だ。たとえそうでなくても、あまりに泣き落としをされると、むげに断れなくなる。

ただし、それが過ぎると人間失格の情けない人間と思われるし、頻繁に使うと魂胆が見え透いてしまう。ここぞというときにしか使わないほうが賢明だ。

それに、泣き落としというのは、かなり邪道な方法だ。そもそも、相手に、「そんなことはあなただけの問題であって、私とは何もかかわりはない」と言われればそれまでのことだ。そのことを理解した上で、腹を決めて使う必要がある。

① 依頼の例

親にお金の援助をしていたら、生活が苦しくて、どうしようもなくなった。10万円ないと、携帯電話の料金が払えなくて、強制解約されてしまいそうなんだ。そうなると、仕事もできなくなるし、困り切ってるんだよ。

もちろんもっと古典的なものに、「10万円がないと、病気の親を入院させられない」「親の入院費を払ったら、自分の生活費がなくなってしまった。これからも親の病気にお金がかかるので、どうにもならない」というような深刻な泣き落としもあるが、いまどきそのような話はリアリティを持たない。もしそれが事実なら、それもいいが、そのようなことはまれだろう。あまり大げさな嘘をつくべきではない。

そのほかに、「10万貸してもらえないと、ほかにあてがないんで、消費者金融に手を出すしかないんだよ」、「10万円ないと、部屋代がたまって追い出される恐れがある」などなら十分に説得力を持つだろう。ただし、そのように言うと、人生の落伍者《らくご》とみなされる恐れがあるので、その点に注意して語る必要がある。

それほどの切迫感はないが、「妻に愛想を尽かされているので、10万円ないと、それこそ逃げられてしまう」、「10万円ないと、子どもが小学校に入学するのに、親らしいことをしてやれない」などと家庭愛に話を持ち込む手もある。

② 謝罪の例

○○さんに話を伺って、これから先の私の方針を決めようと思っていました。○○さんだけが頼りですので、聞いていただかないと、先が決まらず、途方に暮れてしまいます。ほかに頼る人もおりませんので、どうかもう一度だけお願いします。

ほかに頼る人がいない、助けてもらえないと困ったことになるということを強調するわけだ。そのほか、けなげさを強調する方法もある。「何とか行きたかったが、会社の存亡にかかわるような出来事が起こって、動きが取れなかった」、「上司がずっと前におり席を外せず、要件の転職の相談が悟られてしまうので電話をすることができなかった」というように、行けなかった事情にのっぴきならないことを示すこともできる。

また、今回は使えないにしても、連絡を取れなかったときの言い訳として、「母が入院して、その世話に追われていた」「子どもが突然熱を出した」などの家庭の事情を持ち出すこともできる。

ただし繰り返すが、相手に「それはあなただけに関することであって、私とは何ら関係のないことだ」と言われるとそれまでだということは、常に自覚しておく必要がある。「もちろん、私のほうの問題ですが」などと前置きしておくほうがよい。

③抗議の例

年をとった母に誕生日のプレゼントとして贈ったパソコンなんですよ。せっかく母が喜んで開けてみたら傷があったので、とってもがっかりしているんです。

ちょっとした「いい話」や「涙なしには聞けない話」を織り込むのがコツだ。その品物への思いの強さ、不良品だとわかったときの悲しみ、貧しい中での努力などを訴える。ただし、これもやりすぎると安っぽいドラマのようになってしまって、リアリティを失う。あまり作りすぎないようにすることが大事だ。長々と物語るのではなく、短くまとめるほうがリアリティが出やすい。

④ 反論の例

係長の企画は最高に素晴らしいんですが、それをしようとすると、私たちは、これまで以上に仕事が増えて、事実上、家に帰れなくなってしまいます。今でも、子どもとめったに顔を合わせられないで、子どもがなつかずに困ってるんですけど、それ以上になってしまいます。家庭崩壊になりかねませんよ。

「忙しくて人間らしい生活ができなくなる」「過労で倒れそうな状況で、先日病院に行った」「体調が悪いのに、忙しくて病院に行けずにいる」などという悲惨な状況を示して、これ以上仕事を増やせないことをアピールする。そのほか、「すれ違いのために、妻から別れ話を言われた」などの話を示すこともできる。ただし、根も葉もない嘘であれば、そこにリアリティがなく、説得力が不足することは言うまでもない。

テクニック
4

得になることを強調する

おだてたり、泣き落したりするだけでは、あまりに当たり前。もうひと押しがほしい。そこで使うのが、してくれるほうが得だとにおわせることだ。言い換えれば、**ウィンウィンの関係に持ち込む**ことだ。

何かを依頼するとき、それに何かよい見返りがあることをにおわすわけだ。「お返しは必ずするから」「そのうち、利子をつけてお礼はするから」というように、交換条件を示す方法もあるが、むしろ、それはあまり表に出さないほうがスマートだ。あからさまに交換条件のように持ち出すと、感じが悪くなって怒り出す相手もいるかもしれない。におわすにとどめるほうが効果的だ。

お金に関する見返りである必要はない。ほかのことで、してあげると得をする、あるいは、してあげないと損をすることを何か見つけて付け加えるわけだ。しかも、それはさりげないほうが好ましい。相手がどんなことをしたいと思っているのか、どんな好みがあるのかを知った上で、ちょっとしたエサとして示すわけだ。代わりに何かをしてあげる。そうすることによって、このようなプラスが転がり込む。そのようなことを示せばよい。

① 依頼の例

10万円、貸してほしいんだけど……今度の会合、任せてくれよ。いい人を紹介するから。

この例のように、ほかのことでおぜん立てをしていること、何かの根回しをしていることなどを示すのが最もうまい方法だ。

知り合いの人間を紹介する、便利な使いとして活動するというようなことでもよい。相手に、そのような仕事をする人がいなくなると困ったことが起こると少しだけ思わせれば、それでよい。

繰り返すが、ここで、**「代わりに～してあげるから」などと正面切って交換条件として示さないほうがよい。**あくまでも、相手に「願いを聞いておくほうが得だ」と思わせることが大事だ。

②謝罪の例

こちらから無理にお願いしたのに、急用ができて行けませんでした。申し訳ありませんが、日を改めて時間をつくっていただけませんか。前回、お土産にと思って品物を買っていたのですが、日にちがたつと悪くなる恐れがありますので、こちらの勝手で大変申し訳ありませんが、近いうちに少しだけお時間をいただけませんか。

このように言うことによって、受け取ると何らかの得があることを示す。しかも、「品物を用意していた」ということで、自分から約束を破ったわけでも忘れていたわけでもなく、本当にやむを得ない事情だったことを示すことができる。なお、実際に大変な失礼をしたわけだから、ちょっとした品物を実際に送るのも一つの方法だろう。

ただし、自分が弱い立場の場合、それほど大した得を示すことは難しい。もし、先輩が力のある人であれば、「先輩に、この件を報告して、大変お世話になったことを伝えておきます」などと言って、先輩からの見返りがあるかもしれないことを伝えることもできる。

③ 抗議の例

……商品丸ごとの返品をお願いします。そうしたら友だちも私と同じ型のものをほしがっていたので、その人にこの店を薦められますよ。

これから先、ひいきにして多くの商品を買う可能性があることを示せばよい。あるいは、対応のよさをほかの人に話す用意があることを示すのでもよい。相手が承諾したときには、対応の店員さんの名刺をもらうなりすると、一層効果がある。

④ 反論の例

今、担当を増やせない状態ですので、係長の企画ももう少し人手の少なくてすむ方法に考え直すか、外部に委託して問題がないようなものにしていただけませんか。同じようなアイデアでそのあたりを改善してもらえれば、これは画期的な企画になると思うんですが。

反論を聞き入れて改善されれば画期的になることを強調する。ただし、その際、反論している自分の考えであることは強調しないで、もともとの係長の考えが素晴らしいこと、ただし無理があるので、その点のみを考慮すべきことを示す必要がある。

テクニック 5

願いを聞き入れないと損をすることを強調する

前項で、得をすることを強調するテクニックを紹介した。次のテクニックは、もう一歩進めて、それをしないと損をすることを強調する方法だ。

もし、願いを聞き入れないと、どんなに損をするか、どんなひどい目にあう恐れがあるかを強調して、それをするほうがよいような気にさせる。

たとえば、「この決定をしないと、責任を問われることになるかもしれませんよ」、「その結果として、こんなことが起こると、大変なことになりますよ」という暗示を示すわけだ。

やや高度なテクニックなので、すぐには材料が見つからないこともある。また、使い方を間違えると、相手の気分を害することもある。だから使用に気をつける必要がある。相手によっては使用しないほうがよい場合もある。だが、しばしば大きな恐怖を相手に呼び起こして、劇的な効果を発揮することがある。

①依頼の例

貸してもらえないとなると、○○さんに頼むしかなくなるんだけどね。

このように言って、相手が最もそうしてほしくないと考えているような人間の名前を挙げるのがコツだ。

たとえば、相手と敵対関係にある人物などを示すことができる。「そんな人に頼まれるよりは、自分が10万くらいの金を出そう」という気にさせるわけだ。

そのほか、もしあなたがその仕事に重要な役割を果たしているとすれば、「責任を取って身を引くしかない」ということをほのめかすとよい。ただし、言うまでもなく、それが相手にとってもマイナスになると判断される場合に限られる。

また、ちょっと同情を引く汚い手ではあるが、「貸してもらえないと、消費者金融にでも行くしかなくなるんだけど」という方法もある。ただし、もちろん相手にとってみれば他人事なので、人によっては「他人に頼むよりも消費者金融でもなんでも利用して自分で責任を持つべきだ」という至極まっとうな考えを持たれることになるだろう。それを頭に入れたうえで語る必要がある。

②謝罪の例

もう一度機会をください。もしうまくいって転職できましたら、○○さんにできるだけの恩返しをしようと思っていたのですが、それもできなくなってしまいます。

自分が弱い立場の場合には、将来的なことを語って、「言ってくれる通りになれば得をすることをさせていただきたい。そうでないと損をすることになってしまう」と示すしかない。もし、すでに自分がある程度の立場を得ていたのなら、「せっかく、これでよい関係が築けると思っていたのに、このままでは、私としては顔向けできないので、身を引かざるを得ない。そうなってしまうと、あなたにとっても損になるはずだ」という示し方もある。

③ 抗議の例

……あ、お名前をきかせていただけますか。

店員の名前を聞いて、メモする。もし、名札のようなものをつけていたら、それを見て、「お名前は……。○○さんですね」と確認する。それだけで、相手は不利なことが起こることを予感する。場合によっては、どこかに名前を告げられるかもしれないことを暗示する。

係長の企画そのものはとても素晴らしいのですが、それも実行しようということになりますと、従来の業務ができなくなって、利益が出なくなってしまう恐れがあります。そうなると、責任を取らされるのは係長なので、ここはもう少し人員をかけない方法をお願いします。

④反論の例

係長の企画通りに進めると、大きな弊害が生じる可能性があることを強調する。

企画の場合、うまくいくことを前提にしている場合が多いので、「もし、このようなことが起こったら……」という緊急の場合を示すこともできる。「もし当日、雨だったら」「もし、売れなかったら」「もし、政府でこのような決定がなされたら」という想定をして、それによって大失敗したり、責任を取らされたりする恐れがあることを示す。

あまりに確率の低い可能性であれば、相手は「考えすぎだ」とみなして却下するかもしれないが、そこにある程度の説得力があれば、考え直すことが多い。

テクニック6

賢く脅す

あと少し進めて、もう少し積極的に相手を脅す方法もある。一言でいえば、「してくれないと、ひどい目にあわせるぞ」とにおわすわけだ。

ただし、これが露骨になると、もちろん相手は「お願いしているはずなのに、おまえは脅すつもりなのか」と考えて、怒りを覚える。そうは思わせないように工夫しなければならない。そして、「いえ、私は脅しているつもりはなかった」と言えるように逃げ道を用意しておくのが望ましい。つまり、あくまでも、におわし暗示する程度にとどめるのがコツだ。うっとうしいやつ、嫌なやつと思われては元も子もない。むしろ、武器を持っていることをちらつかせるくらいで十分だ。

これはいわば「禁じ手」だ。よほどのことがない限りはこの方法は使うべきではない。むやみに使うと、相手は信用してくれなくなり、今後の交際に支障が生まれる恐れがある。

①依頼の例

10万円手に入れるのに、手段を選んでる余裕はないんですけどね。

簡単に言うと、「貸してくれないと、俺は何をするかわからないよ」ということを示す。このように言うだけで、相手は状況が切羽詰まっていると認識するだろう。繰り返すが、よほどのことがない限り、この脅しの方法を用いるべきではない。

とはいえ、いざとなったらやむを得ない。もっともよいのは、弱みを握っておいて、場合によってはそれを公言することをほのめかすわけだ。

ただし、相手の不倫を知っておいて、「不倫のことを奥さんにばらしますよ」などと言ったのでは、まさしく脅しになってしまう。「まさか、こいつにかぎって告げ口するようなことはないだろうが、あまり追い詰めて困らせると、厄介なことになるな」と思わせておくのが望ましい。そのほか、強いインパクトのある例として、「もう仕事を辞めるしかない」「辞めさせてもらう」などがあるが、これもよほどの場合を除いて用いるべきではない。

②謝罪の例

無礼をしてしまって、顔向けできないと思っています。かくなるうえは、せっかく紹介してくれた先輩のところにお詫びに行くしかないと思います。

仲介してくれた「先輩」に「言いつける」ことをほのめかす。たいした脅しにはならないかもしれないが、このように言えば、共通の知人に迷惑をかけることにもなる。相手と「先輩」の関係がどうなのかにもよるが、このように相手にとって不利益なことを口にする。

ただし、繰り返すが、相手にお願いをし、しかも約束を破って謝罪しているのだから、ここで脅しを使うことは人間として道理に反している。これもまた決してほめられた方法ではないので、できれば使わないのが望ましい。

私はインスタグラムでこのお店はサービスがいいという情報を得たんですけど、思ったほどではないんで、ちょっと残念ですね。

③ 抗議の例

実はこの言葉で言いたいのは、「私はインスタグラムを使っているんですよ」ということだ。もっとはっきり言えば、「インスタグラムを使っているので、場合によっては、お店の問題を広めることができるんですよ」という遠回しの脅しでもある。お店の場合、SNSでよくない噂を広められるのを恐れている。もし、そのクレームが事実無根であったりしたなら、店側は断固として闘う姿勢を見せるだろうが、店側に明らかな非がある場合には、広められるのを恐れる。だが、だからといって「SNSで悪口を書きまくるぞ」と脅すべきではない。「インスタグラム」「フェイスブック」「ツイッター」という言葉をちょっとだけ出して、自分がそれを使っていること、いざとなればそれを使って広く訴えられることをほのめかす。

また、部長に現実性がないと言われて目の敵にされるかもしれませんよ。ここはひとつ慎重なほうがいいと思いますが。

④ 反論の例

妙に脅して反感を持たれても意味がないので、この方法を使わないのが無難だ。だが、係長のトラウマがあったらそれを持ち出して、また同じようなことが起こる可能性があることを示すと、効き目のある場合がある。ただし、あくまでも自分は相手の仲間であり、利害をともにする部下であるという前提で語る必要がある。鬼の首でも取ったように相手の欠点を示して反論するのではなく、**あくまでも「このままでは、敵に問題点を指摘されるかもしれない。その前に仲間内で改善しよう」という姿勢を示す必要がある。**しかも、あくまでも目下の人間が優れた目上の人に対して分をわきまえながら進言するのでなければならない。出過ぎてしまうと敵意を買うので注意が必要だ。

テクニック 7

言質をとる

言質《げんち》を取るのも、願いを聞いてもらうためのうまい方法だ。つまり、「前にあなたはこう言ったではありませんか。だったら、今度、あなたが私を助けてくれて当然です」という方向で説得するわけだ。

もしかすると、ちょっといい顔をしたいだけで口にした社交辞令かもしれない。心にもない上の空の言葉かもしれない。場合によっては、当人はかつてそのように言ったことを覚えていないかもしれない。だが、かつての自分の言葉をひるがえすのは、いっぱしの人間として恥ずかしいことだ。そのような意識があるからこそ、**自分の言ったことは守ろうとする。そうした心を利用するわけだ。**

ただし、もちろん、「助けてくれて当然です」とはっきり言ったら、角が立つ。どんなに心の広い人でも気を悪くする。時には、怒り出すだろう。だから、よほどけんか腰の場合を除いてはっきりとは言うべきではない。かなり言葉をぼかしながら言うのが望ましい。

だが、少しばかり下手《したて》に出ながら、前にその人の言ったことを思い出させ、自分の考えを守るように促すことは悪いことではない。ただし、もちろん、相手の気を悪くしないように、逆なでしないように気をつけながら話す必要がある。

なお、この方法は一人につき二度以上使うのは難しい。一度使うと、その後、相手は警戒して不用意な言葉を使わなくなり、隙を見せなくなる。常習的に使うと、信頼を失ってしまうので、覚悟の上で使う必要がある。

① 依頼の例

いつでも困ったときには言ってくれっていう言葉、今でもよく覚えているよ。どんなにうれしかったことか。申し訳ないけれど、そんな言葉に甘えさせてもらえないか。

あくまでも、相手に以前のことを思い出させ、それに心ならずも甘えざるを得ないということを強調する。何かを依頼するときには、**あまりに強く「前に言っていたから、してくれるのが当たり前だ」という態度をとると、せっかくのしてあげようという考えもなくしてしまう。**相手がよほど目下《めした》であったり、よほど親しければ別だが、そうでなければ、そのような態度をとるべきではない。

②謝罪の例

Aさんによれば、○○さんは、いつも部下の失敗は大目にみる方だと伺いました。なんとか、もう一度チャンスをいただけませんか。

初対面の人の言質をとるわけにはいかない。そのときには、仲介者の言質をとるのが望ましい。その場合には、「とても寛大な人だとほめていた」という方向が望ましい。そうすると、言われたほうとしては、それを否定しにくくなって引き受けざるを得なくなる。ただし、繰り返すが、これも言いようによっては大変失礼になるので、十分に注意して使う必要がある。

むしろ逆に、「とても厳しい方だと伺っていたので、私としては、もう二度と会っていただけないのではないかとあきらめています」などとすると、相手としては、「いえいえ、そんなことはありませんよ」と言わざるを得なくなってくるので、それを狙う手もある。

ただし、このように言うと、「その通り、私は厳しい」という返事が返ってくる可能性もなくはないので、危険が大きい。よほどの場合を除いて使うべきではなかろう。

③抗議の例

お店では、「顧客満足度100パーセント」という広告を出しているじゃありませんか。CMでも、おたくの製品に不満を持つことはないと言っていますよ。製品を交換してくれないなんて話が違うじゃありませんか。

企業相手のクレームのときには強気に出る必要がある。宣伝文句として言っていることとの矛盾点を突くのが望ましい。もちろん、だからといって高飛車に出る必要はないが、言うべきことはきちんと言うべきだ。

④反論の例

係長はいつも人員不足については理解があって、いつも過重労働にならないように気をつけてくれるのに、今回の企画だと、もっとも係長の嫌う状態になってしまいます。

相手を批判するのではなく、「いつも理解があって、こう言ってくれている。しかし、今回はそれに反している」、「以前こう言ってくれたのはとてもうれしかった。でも、今回はそれに反する」というパターンが望ましい。

テクニック8

恩を着せる

以前にしたことを恩に着せて、その代わりとして、何かをさせようとする方法も用いることができる。つまりは、かつての行為の返礼を求めるわけだ。もちろん、この方法が有効であるためには、以前からのつきあいがあり、しかも、何らかの便宜を図った過去がなければならない。つきあいの浅い人に対してはこの方法は使えない。しかし、これまでに何らかの交際があった人には、それとなく使うことができる。

ただし、これについても「こないだ、このようなことをしてやったのだから、今度はしてくれよ」と面と向かって要求するのでは、あまりにぶしつけだ。相手が部下やよほど親しい友人でなければ難しい。何かを依頼するのであれば、それなりの配慮は必要だ。

その場合には、「それだけでは足りないことくらいわかっているけれど、ぜひお願いしたい」という謙虚さはほしい。

①依頼の例

俺、これまでお前にいろいろとしてあげてきたよな。この前だって、俺はかなり苦労して、お前のために骨折ったんだ。今回ばかりはこちらからお願いなんだけど、10万円ほど貸してくれないかな。俺のしてあげたことでは足りないってわかってるけど頼むよ。

仲のよい人や後輩にしか使えないが、遠慮のない間柄であれば、このような方法もある。ただし、これはきわめて直接的な依頼のしかたであって、とくにテクニックとはいえない。あまり好ましい方法でもない。

相手があまり親しくない人であれば、さりげなく相手のためにこれまで自分がしてきたことをアピールする。もちろん、多くの場合、相手とは持ちつ持たれつであって、一方的に自分の功績を持ち出すと、相手は気分を悪くする。相手から恩を受けていることも十分に考慮したうえで、このようなことを持ち出す必要がある。

②謝罪の例

仲介してくれた先輩によると、今、○○さんは、……でお困りだそうですので、それを私にやらせてください。

ほとんど面識のない人に対しては恩を着せることはできない。その場合には、これから、それに見合うことをするしかない。相手がしたいと思っていること、しなければならないと思っていることのなかで、自分にできることを代わりにして役立つことを考える。

③抗議の例

このお店では、これまでずいぶんと購入してきたんですよ。友達にも、ここのお店はとてもいいって薦めてきたんです。それなのに交換してくれなかったら、このお店を薦めてきた私としては困ってしまいます。

これまで相手の望むことをしてきたことを強調する。たんにひいきにしていただけではなく、人に薦めていたこと、SNSなどで紹介したことなどがあれば話すと効果的だ。

④反論の例

これまで係長の下で一生懸命働いてきました。先日もみんなに係長の指示を守るように言ってきたんです。みんな精一杯働いていますので、部下に対して、これ以上働くように言うことはできません。今回ばかりは、私に免じて少し考え直していただけませんか。

もし、恩義に感じさせられるようなことがはっきりとあれば、それを持ち出すこともできる。とりわけ、相手がその功績をあまり考えていない場合には、そのことをはっきり言って、功績をアピールすることにもつながる。

テクニック 9

既成事実をつくる

この方法を私は勧めない。だが、時にこの方法を使う人がいる。そして、気の弱い人であれば、相手がこの方法を使って攻めてきたら、それを受け入れてしまうことがないよう、その手口を紹介しておこう。

これは、相手にご意見をうかがうのではなく、すでにそう決まっている。そうするのが当たり前だというように話を進めることだ。「このようにしてください」「このようにしてくださるとうれしいんですが」などと言わない。相手にそれを拒否する権利はない、当然受け入れるべきだという態度で押し通す。実に押しつけがましく傲慢な態度だ。

ただし言うまでもなく、相手がかなり弱い立場の人でない限り、この方法を使うと関係を悪くする。その場では、相手が笑みを浮かべていたとしても、あるいは気づかない態度をとっていたとしても、よい印象を持つはずがない。結局は、自分のほうが損をすることになるだろう。だが、このような方法もあるということで紹介しておく。

①依頼の例

10万円ないと困ってしまうんだよ。用立てを頼むよ。今度の土曜日まででいいから。

貸してもらえるかどうかということではなく、いつどのような形で貸してもらえるかという点について語る。気の弱い人の場合、話を蒸し返して、「いいえ、貸すつもりはありません」と言えなくなる。そこを狙うわけだ。

②謝罪の例

大変申し訳ないんですが、来週、もう一度、お願いします。何日に伺えばよろしいですか。

相手にお伺いを立てるのではなく、もう一度会ってくれるのが当然という態度を貫く。この場合にも、たんに押しつけがましいだけでなく、相手にもメリットがあることなどを語るのが望ましい。あまりほめられた方法ではないので、相手が目上の人の場合にはあまり使うべきではないが、時に有効であることは知っておいてよいだろう。相手が気の弱い人であれば、あえて反論したり蒸し返したりすることができず、言われたとおりにしてしまう傾向が強い。

③抗議の例

全交換はいつ、どんなふうにしてもらえるんでしょう。

この場合も、できるかどうかについては問題にしない。いつ、どのような形で交換してくれるのかといった手段や方策を話題にする。そうすることで、できるかどうかが問題にならないようにする。

④反論の例

係長は別の企画をするものと思い込んで、みんな意気込んでますよ。それだったら、負担なくできて、みんながやる気を持っているんで、誰もが喜んでいたんですけどね。

すでに別の企画のつもりで用意を整えていることを示し、引き返すのが難しい印象を与える。あるいは、すでに別の仕事が進み始めて、新たな企画に人員を割くのが一層難しくなっている状況を示す。いずれにせよ、「もうこれからだと変更は難しい」という方向で反論する。もちろん、ここでも係長に企画自体は基本的に悪くなく、自分はそれに反対するものではないという前提でいることは言うまでもない。

テクニック10

ライバル意識をあおる

ライバル意識をあおるのもうまい方法だ。人間、誰でもライバル意識を持っている。あの人には負けたくない、あの人がそうするのなら自分はもっとしたい、そんな気持ちが強い。それをうまく利用するわけだ。

ただし、この方法を使うと、どうしても相手をほかの人と比べることになる。比べられたほうは、それに対して腹立たしく思うことがある。兄弟と比べられて自分のほうが劣っていることを指摘されたときの気持ちを考えてみればわかるだろう。

それゆえ、この方法を使うときには、相手を刺激しないように気をつける必要がある。

あるいは、相手を刺激してもよいような最後の手段にしか使わないようにするべきだろう。

とはいえ、ある程度の効果があるのは間違いない。上手に使うことを考えるべきだ。

なお、これによく似た方法に、共通のライバルをつくる方法がある。これは仲間意識をつくり出すためにしばしば用いられる方法だ。意気投合するには、共通の敵をつくるのが手っ取り早い。国内をまとめようとすると、国外に敵をつくり出すという外交上の手法と同じことだ。それと同じようにライバルを強調して、あおるわけだ。

何かをお願いするときも、たんにお願いするのではなく、両者が共通の敵の被害を受けているという意識があれば、相手はことのほか同情する。戦友意識を持って、手助けしようとするだろう。手助けすることが共通の敵を倒すことにつながれば、一層力を込めて助けようとするだろう。

それゆえ、自分の願いが敵とかかわるものであることを示せば、願いは聞き入れられやすい。逆にいえば、願いを聞いてほしければ、敵にかかわることを持ち込むことだ。

① 依頼の例

取引先の○○さんの接待をしなくてはいけなくなったんだけど、あの人、贅沢な要求ばかりするじゃない。経理ももう認めてくれないんで自腹で払ったら、お金がなくなってどうしようもないんだよ。10万円ほど貸してくれないか。

要するに、お互いの間で悪名高い人物を持ち出して、その人のせいでお金を使わざるを得なくなった状況を説明して、同情を引くわけだ。このように、共通の敵を利用するとすれば、「あいつのせいでお金を使わされて、こんな目にあってる」というパターンが最も使いやすい。そのほか、「あいつをやっつけるためにお金を使ってしまった」という方法もあるが、その場合には成功していないわけだから、「お金を使ったけれど、うまくいかなかった。助けてくれ」という方向でお願いするしかない。

②謝罪の例

実は別件で頼んでいた人からも連絡が来ているんですが、私としては、できるなら従来通り、○○さんのお話を聞くのを中心にしたいと思っています。どうか、お願いできませんか。

ほかにも約束があるのだが、今回の相手をあくまでも中心にしたいとアピールする。こうすることで、うかうかしているとライバルに取られてしまうことを警戒させる。そして、そうなると仲介者に面目が立たないと思わせる。ただし、こうすると、当の人物がかなり魅力的でない限り、「ほかにもアテがあるのなら、そちらに行ってはどうですか？」という冷たい返事が戻ってくる可能性があるので、注意を要する。

③抗議の例

私はこちらのお店が好きで、隣の○○店は雰囲気がよくないので、使っていなかったんですが、○○店ではこんな場合、全交換するようですよ。

「ほかの人はきちんとしているのに、あなたはひどい」「ほかの会社はきちんと対応してくれるのに、御社はそうではない」というパターンで責めるわけだ。ただし、先に述べたとおり、この方法は間違いなく反感を買うので、それを覚悟で使う必要がある。目下やお店相手ならよいが、そうでないと困ったことになる恐れがある。

④反論の例

（ライバルの）X係長は、負担がなくて効果の上がる方法を考えているという噂ですよ。それを上回る企画でないと、取られてしまうかもしれません。

ライバルがもっとよいアイデアを持っていること、ライバルのほうに人気が集まりそうなことをにおわせる。あるいは、同じようなことをライバルも考えていたことを示すのでもよい。そうすることで、競争意欲がわき、もっとよいアイデアを見つける気持ちになるだろう。それを利用するわけだ。

問題1

これまで説明してきたテクニックを使って、以下の場合、相手を説得してください。なお、複数のテクニックを組み合わせて使うことをお勧めします。

①取引先の知人（Aさん）が業界の実力者（Xさん）と面識があると知った。ぜひ紹介してほしいと思っている。紹介をお願いしてください。

②先輩から飲み会に誘われたがこれまで2回断ってきた。次には行かないとまずいと思っていたが、企画会議の前日に誘われた。プレゼンの責任者になっているので、飲み会は断らざるを得ない。先輩を怒らせない断り方をしてください。

第3章

相手をその気にさせる「ほめ方」のルール

この誘導トークで、もっと話を聞きたくなる！

ほめるにも説明が必要だ

人をほめる。つまり、その人のよいところを称え、よい気持ちにさせる。

人をほめるにも説明が必要だ。目の前の相手をほめる場合には、こまごまと説明する必要はない。自分のことだから、少しほのめかせばすぐにわかる。だが、どこをほめているのか、どこに感心しているのか、どこが素晴らしいのかが相手に伝わるように語らなければならない。その説明に説得力があれば、相手はほめられていることを実感する。うれしい気持ちになる。良好なコミュニケーションが生まれる。

ほめるのが上手な人がいる。その人がほめると、相手は心から喜ぶ。時に顔を赤らめながら満更でもなさそうな表情をする。もちろん、そのような人も、時には心にもないほめ言葉を口にすることがある。だが、そのような場合でも、その人が語ると、上手な説明が加わっているので、心にもない言葉には思えない。白々しくなく素直に響く。

一方、ほめるのが下手な人がいる。めったに人をほめず、あら探しをしたり、けなしたりする。たまにほめると要領を得ず、おかしなことを言い出す。しばしば、そのほめ言葉はほめられている当人には納得がいかなかったりする。本心からほめていても、そのようには聞こえない。心にもないことを口にするときには、空々しさがきわだつ。ほめられたほうも、まるで皮肉でも言われたような居心地の悪さを感じる。ほめる内容を上手に説明できていないのだろう。結局、良好なコミュニケーションを結べない。

人間はほめられるのを好む。ほめられて、自分に自信を持ち、生きる気力を保つ。だからどんな人間にもほめ言葉は効果を発揮する。効果が上がらない相手には、「先輩にはおだてが通じませんね」と言えばいい。

上手に人をほめることのできる人間とできない人間。それだけで、人生にどれほど大きな違いがもたらされることか。

私自身を例にとろう。

実は私は若いころ、長い間、心にもないほめ言葉は一切とは言わないまでも、ほとんど口にしないことを信条として生きていた。心から感心した時にも、ほめ言葉を口にすることはめったになかった。心にもないことを言わなければならないような場にはできるだけ居合わせないようにしていた。他人のファッションや態度などほめたこともなかった。「何でもけなす樋口君」という異名をとっていた。

そのころ、私は何と不遇な目にあい続けたことか。ほかの人がよい目にあうのに、私に目をかけてくれる人はほとんどいなかった。力を認めてもらうこともなく、運に見放されていた。

その後、私も多少まるくなり、素直に人のよさを認めて、それをほめるようになった。相手が納得するようなほめ言葉を口にできるようになった。そのころから、事態は好転した。人間関係がうまくいくようになり、私を認めてくれる人も増えてきた。

そこで、以下に紹介するのは、だれでもすぐに口にできるほめ言葉のテクニックだ。とってつけたようなおだてではなく、自然な、そしてコミュニケーションとして大事なほめ方を紹介することにする。

ここに挙げるすべてのテクニックを身につける必要はない。1つか2つを身につけて、それを口にするだけで人生は必ずや好転するだろう。

頭のいい人は「このツボをおさえたほめ方」を知っている

ほめる内容にもいくつもの種類がある。人によって、どれをほめればよいのか違いはあるが、それぞれに効き目があるといって間違いない。自分の得意技、相手の求めるジャンルを知っておいて意識的にテクニックを用いるのが好ましい。

功績

多くの人に効き目があるのは、その人の功績に対してほめることだ。「あなたのした行為は素晴らしい」「あなたの仕事ぶりは、ほかの人にはまねできない」という方向でほめる。

誰もが自分の仕事に誇りを抱いている。たとえ外での仕事を持っていない専業主婦でも退職した高齢者でも、家事や庭掃除などの仕事をほめられるだけでも悪い気はしない。自分のした仕事こそが、その人そのものの価値だと思っている人が多いからだ。

功績に重きを置いている人は、他者をほめるときにはその仕事ぶりをほめ、けなすときには、仕事ができないことを引き合いに出す。このタイプの人に対しては、このようなほめ方がきく。したがって、その人に何らかの功績がある場合、この点をほめる対象にするのが最も好ましい。

能力

能力をほめるのも一つの方法だ。たとえば、その人の知的能力や芸術、スポーツ、調理、手先の器用さなどの能力をほめる。

もっとも広く説得力を持つのは、知的能力をほめることだ。「頭いいなあ～」「すごい能力だねえ」「いったい、どうしてそんなに頭の回転が速いの」などとほめる。

ただし、人によっては「頭がいい」という言葉を、「ずるがしこい」「利にさとい」という意味にとる人がいる。それについては注意しておく必要がある。

そのほか、料理の腕をほめたり、歌のうまさ、楽器演奏のうまさをほめたり、料理や運転などの技術をほめたりすることができる。

なお、人柄をほめることについては、常に効き目があるとは限らない。「あなたは、なんていい人だ」というほめ言葉は、しばしば「おまえはお人よしだ」「世知辛い世の中についていけないような人間だ」という意味を含むことがある。あるいは、「悪いやつだと思っていたけれど、実はいいやつだったんだ」というようなニュアンスをもつ。不用意に使わないほうがよい。

容姿

容姿をほめるのも一つの方法だが、これは危険性が伴うので、注意が必要だ。とりわけ、美人に対してほめるとき、どうしても下心が見え透いてしまう。場合によってはセクハラじみる。しかも、たとえ絶世の美人であっても、知的な仕事に誇りを持っている人の場合、容姿をほめられると仕事面を評価されていないように感じて怒り出すことがある。「女性を外見だけで評価しないでほしい」と強く考えている女性は少なくない。それを見極めておく必要がある。

男性の場合も、「いい男」だと男性にほめられるのは、少し同性愛的な雰囲気があって、言うほうも言われたほうもバツが悪くなる。

それを除けば、もちろん容姿をほめられるのは悪い気はしないものだ。「相変わらずきれいだね」「あなたみたいに美人だといいでしょうね」などという言葉は、言われた人間をうれしい気持ちにさせる。上手に使う必要がある。

持ち物

持ち物をほめる人が多い。「そのジャケット素敵ね」「いい車だね」「それ、ロレックス?」などだ。もちろん、これは使いやすくてそれなりの効果のあるほめ方だ。

話題がなくて困っているときなど、天気とともに持ち物を話題にするのは、その場を和ませ、話題を作り出すよい方法だ。

ただしあまりに安易に使いすぎるべきではない。こだわりを持って高級品を持っているときには、自分のセンスをほめられたようでとてもうれしくなるが、とりわけ男性の中には持ち物に無頓着な人も少なくない。たまたま最初に目について選んだだけのものや値段が安いから買っただけのものをほめられても、戸惑うだけだ。お世辞であることが見え見えになってしまったり、皮肉に思われてしまったりする。

ただし、そう思われたにしても、相手はだからといってとくに悪い気がするわけではないので、その場の雰囲気を和らげるのには役立つ。しかし、あまり多用すると、白々しくなることは理解しておく必要がある。

センス

「センスがいい」というのも、大事なほめる要素だ。センスのよさを最も自慢に思い、センスが悪いと言われることを何よりも恐れている人々がいる。その人たちのこのほめ言葉はかなり効き目がある。

もちろん、センスというのは、ファッションセンスのみを意味するわけではない。もっと広く、「才能」などと同じような意味で使われる。「デザインのセンスがある」「仕事のセンスがある」などという言い方をすることができる。まだ明確な功績として表れていないが、これから発揮されそうな潜在能力をさすこともある。

とくに証拠が必要ではないので、さまざまな場合に使えるほめ言葉だ。ほめられるほうはあいまいなほめられ方でも決して悪い気はしない。

生き方

使われることは多くないが、生き方をほめるのもうまい方法だ。「一匹狼《いっぴきおおかみ》でかっこいいですね」「ひょうひょうとしていて、いいですね」「凛《りん》とした生き方、常々見習いたいと思っています」「元気いっぱいの生き方、素敵ですね」などと言う。これといって具体的な成果を出しているわけではなく、生き方そのものに共感できるときに用いる。もっと簡単に「上品さがにじみ出ていますね」などと言うのでもいい。人間の全体的な品格を表すので、決して言われたほうは悪い気はしない。

「ほめ上手」は「話し上手」

以下、誰にでもできるおだてのテクニックをいくつか示す。例として、前にあげた功績、容姿、能力、持ち物、センス、生き方をほめるときにどのように言うべきなのかを示す。

テクニック１

相手がほめてほしいところをほめる

ほめ方の基本は、相手がほめてほしいと思っていることをしっかりとほめることだ。

何よりも仕事を重視する先輩が仕事の成果を上げたとする。先輩が仕事人間であれば、おそらく自分の功績をわかってほしいと思っている。もっといえば、自慢したいと思っている。そのような点を前もって見つけ出して、それをほめる。それがもっとも効果的だ。

これを効果的にするためには、まずは、その人が何をほめられたいと思っているのかを知ることが大事だ。

人によってほめてほしいものが異なる。知性をほめてほしいと思っている人もいれば、センスをほめてほしいと思っている人もいる。**何に重きを置いているかによって、喜ぶポイントが異なる。**

ほめられること自体には悪い気はしないとはいえ、たとえば服装に無頓着な人間はセンスをほめられても大してうれしいと思わない。容姿に劣等感の強い人間が顔立ちについてほめられても、お世辞としかとらないだろう。

その人が何についてほめられたいと思っているかについては、普段から気をつけておく必要がある。しかし、それを見つけるのは、それほど難しくはないはずだ。

その人が他人をほめたりけなしたりするとき、どのような視点を持つかに気をつけていればよい。

人をほめるときに「あの人は頭がいい」「頭のいい人だ」などと言い、人をけなすときに、「あいつは頭が悪い」「あいつはバカだ」などという人間がいたら、その人は間違いなく知性を何よりも大事にしているだろう。

「あの人のセンスを疑う」「あの女優はセンスがいい」などと盛んに話している人は、センスを重視しているだろう。

そのようなポイントを狙うわけだ。

例

功績「これまで億単位の儲《もう》けをあげてきたの、係長くらいしかいないんじゃないですか」

能力「人並み外れた頭の回転ですね」

容姿「ますますお美しいので、私としてはあがってしまうほどです」

持ち物「それ、もしかしてロレックスですか」

センス「そのファッション、ほかの人にはまねのできない素晴らしいセンスですね」

生き方「係長のそのひょうひょうとした生き方が素敵ですね」

テクニック2

具体性をつけ加える

ほめられるほうは、口先だけほめられても、実は「お世辞」ではないかという警戒心を持っている。もちろん、中にはほめられたことをすべて真に受けて有頂天になり、「誰誰も俺のことをほめているよ」と自慢する人がいるが、それは珍しい。多くの場合、普通のほめ言葉では真に受けない。

真に受けさせるには、少しばかりの具体性が大事だ。もちろん、小説のように詳しく描写する必要はない。少しだけ具体的な内容を加えるだけでよい。

「素晴らしいですね」で済ませるのではなく、「あそこで、○○の話を持ち出す手際にはほれぼれしました」「あのときの鮮やかな切り口は、ほかの人にはまねできないところですね」などと、具体的な場面の出来事をほめる。「あのときの、（ライバルの）の顔はおかしかったですね」「この赤の色使いがいいですね」などだ。

それを加えることによって、口先ばかりでなく、心からそう思っていると示すことができる。ただし、下手な言い方をすると、実際にはよく理解していなかったことがばれてしまうことがあるので、不用意なことは言わないように気をつけておく必要がある。

例

功績 「最初に○○社に話を持ちかけるなんて、普通の人では考えつきませんよね。手腕に驚きました」

能力 「即座にあんな反論を思いついて、切り返したんで、課長はたじたじでしたね。頭のレベルが違うって感じでした」

容姿 「奥様は本当においきれいですね。女優の○○に似てるって言われませんか」

持ち物 「バッグの黒の色づかいが素敵ですね。靴とぴったりですね」

センス 「係長のブルーの使い方にセンスを感じますね」

生き方 「課長に向かってあんな態度をとれるなんて、一匹狼という感じで、最高ですね」

テクニック3

他人の言葉として伝える

目の前にいる人間を正面切ってほめるのは、ちょっと気恥ずかしい。おべっか使いと思われたくないし、そもそも自分がほめる立場なのかというためらいもある。事実、目下の人間が不自然におべっかを使うと、本人にからかわれたり、周囲から白い目で見られたりする。

そんな場合に使いやすいのが、他人の言葉として伝える方法だ。**「○○さんが、素晴らしいって言ってましたよ」という伝え方をする。それが地位の高い人間であればあるほど、言われたほうは満足する。**

もちろん出まかせを言ったのでは迷惑になってしまう。事実を少しだけ大げさにして伝えるくらいが望ましい。部長がその人物のことを「なかなかやるねえ」と言ったとすると、「できる社員だといってほめちぎってましたよ」くらいに言ってよい。

具体的に言えないときには、「みんなの中で話題になっています」「私たちの間で噂してるんですよ」というくらいでかまわない。

ただしもちろん、そのように伝えるとき、自分も同じ気持ちであって、その人をほめたいと思っていること、そして、その人がほめられたことが自分でもうれしかったことが伝わるように言うのが望ましい。

例

功績「〇〇社の課長が、ほめてましたよ。君の社の××君は素晴らしいねえですって」

能力「あいつの頭のよさは並外れているって、〇〇さんが言ってました」

容姿「〇〇さんにあこがれている男性は、僕を含めて社内にはたくさんいますよ」

持ち物「そのバッグ、社内で話題になってましたよ。そのうち、何人もまねて買うかもしれませんよ」

センス「〇〇さんのセンス、みんなから注目されてますよ」

生き方「この前の飲み会で、〇〇さんの一匹狼の生き方がカッコイイって評判でしたよ」

テクニック4

自分が関心のあることをほめる

相手がほめてほしいと思っていることをほめるのではなく、自分がほめたいものだけをほめるのも、一つのテクニックだ。

たとえば、常にファッションに関心を持っていて、誰かのファッションを見つけては、「係長の今日の上着、素敵ですね」などと言う。言われたほうは、とくにその点についてほめられたいと思っているわけではないが、その方面に関心のある人にほめられるわけだから、悪い気はしない。もちろん、ファッションに限らない。時計に関心のある人が、「おや、いい時計ですね」と口にし、音楽好きな人が、「係長の歌は素晴らしいですね」と言う。これを喜ばないわけがない。

ただし、言うまでもないことだが、このタイプをほめるには、それを口にする人がその方面についてまわりからの定評がなければならない。

もしあなたに「ファッションにはうるさい存在」という定評があれば、それはうれしいほめ言葉になるだろう。そうでなければ、「おまえに言われてもなあ……」という態度をとられ、少しも〝ほめ〟の役割を果たさないだろう。

このタイプのほめ言葉を言う人は、ふだんからその方面について口にして、センスのよさ、その方面への知識の豊かさを示しておかなければならない。

例

功績「○○の業界に働きかけるなんて、さすがですね」
（その業界に詳しい人間としてほめる）

能力「○○さん、バレエか何かやっていたでしょう。身のこなしが、ほかの人と違いますもの」

容姿「○○さんの脚の線、本当に素敵ですね」
（ただし、これについては、異性の性的な部分を語るとセクハラということになるので注意が必要だ）

持ち物「そのバッグ、ヴィトンの新製品ですよね。素敵ですねえ」

（ヴィトンに詳しい人としてほめる）

センス「〇〇さんの赤の使い方、あんまり素敵なんで、私も見習いたいと思ってるんだけど、普通の人にはできませんね」

生き方「〇〇さんの言葉がとてもきれいで、私なんて、いつもお手本にしたいと思っているんです」

（常に言葉遣いやマナーなどに気を使っている人が、このように語ると効果がある）

テクニック５　鋭いところをほめる

もっとも高度なほめ方のテクニックは、表面的ではなく、よく観察している人でなければ気づかないような点をほめることだ。しかも、ほめられた人が、おだてられた後、「そういえばそうだ」と感心するような事柄が望ましい。

たとえば、ある人物が功績をあげたとする。その功績をあげたこと自体をほめるのは当然のことだ。だが、それをおだてただけでは、誰もが語っていることだ。一味違ったほめ方をするほうが相手の心に響く。

たとえば、わかりやすい例をいえば、野球のホームランを打った相手に、「あのホームランすごかったね」と言うのではなく、「ホームランの前のボールを見送ったのが、さすがだったね」といったことを口にするわけだ。並の評論家ではない人々、たとえば江川卓氏や評論家としてゲスト出演するときの落合博満元ＧＭなどがそのようなことを言う傾向が強い。そのようなことを口にするわけだ。そうすれば、しっかりと考えながら相手の行動を見ていたことをアピールでき、しかも、いかに本気でほめているかを示すことができる。

とりわけ、相手の功績がいかに苦労の末のものであるか、あるいはいかに天才的な工夫のもとに成り立っているのかを、見る人が見ればわかる視点でほめる。

「あのとき、先輩は……をしましたね。そこにプロの技が出てましたね」、「係長は、わざと遅れたんですか。あの演出はすごいですね」などと言う。

あるいは、「あのとき、先輩があの一言を言ったために、その場の雰囲気がガラリと変わりましたね。さすがですね」「係長がいてくれたおかげで、みんながまとまっているんですよ」などといったことでもよい。

しかも、これは本人がすぐに忘れているにせよ、それなりの工夫をしたはずの内容であるのが望ましい。そうすることで、「こいつ、俺のことをよく見ているな」と思わせる。同時に、「ちゃんとわかっているな」「見所があるな」とも思わせられる。

ただし、的外れなことを言うと、むしろギャグをはずした漫才師のような羽目に陥る。

だから、よほど自信のある場合を除いて、この方法は使わないほうが賢明だ。ここぞと思ったときに使うことを勧める。

なお、以下の「例」については前項と似通うが、前項については、それを語る人がその分野に特化している点で、受け取り方はかなり異なる。

例

功績「今回の仕事の立役者は、実際に契約をとってきた××君以上に、そのルートを開拓して、××君に任せた○○さんですよ。他にルートがあったのに、そこにして、しかも、意外な××君に任せたのが快挙です」

能力「○○さんは、実はきちんと経営学を学んでるんですよね。経験でやっているだけでなくて、学問的な裏付けがあることを踏まえているんで、失敗が少ないんでしょうね」

容姿についてはあまり論評するのは失礼なので、このタイプのほめ言葉は口にしないほうがよい。

持ち物「そのバッグの留め金の細工、とってもかわいいですね」

センス「〇〇さんて、立っている姿勢だけで上品さが伝わってきますよね。ファッションが決まっているからでしょうね」

生き方「あのとき、〇〇さんはこう言いましたけど、あれって、課長が前に言っていたことのあてこすりですよね。気づいた人はほとんどいないと思いましたけど、私は、一匹狼を通す〇〇さんだけあって、さすがだと思って聞いてました」

テクニック 6

あえて当人が苦手に思っていることをほめる

あえて本人が苦手と思っていることをほめる方法もある。

いつもダサい格好をして、服装に構わない人に対して、「今日のジャケット、素敵ですね」とほめるやり方だ。

もちろん、その人は服装に重きを置いていないので、それをほめられるとは考えていない。むしろ、劣等感を持っている。だから、ほめられたことに関して、居心地の悪い思いをする。「えっ、そう？　別にとくに意識してないんだけど」などと答えるだろう。

もちろん、これがあまりに見え透いていると、言われた側は警戒する。「俺のようなダサい人間を捕まえて、こんなおべっかを言うなんて、何か魂胆があるに違いない」などと思うこともあるかもしれない。

だが、一方で、やはりほめられることについては悪い気はしない。テレながらも、「えっ、そう？」などと満更でもない表情を浮かべるだろう。だから、そのようなほめ言葉で、間違いなくポイントを上げることができる。

ただし、これはあくまでも変則テクニックだということは心得ておく必要がある。そして同時に、まったく心にもないことであるべきではない。それなりのよく似合っていること、その人としてはセンスのよいものであることが必要だ。それがないと、むしろからかっていることになってしまう。さすがに言われたほうも、それほど現実とかけ離れていたら、真に受けることはないだろう。

服装だけではなく、カラオケで、歌に劣等感を持っている上司をほめたり、挨拶を苦手とする先輩に、今の挨拶はとてもよかったと言ったりするときに使うことができる。
ただし、この場合も漠然とほめるだけでは逆効果だ。具体的に、あの部分がよかった、このような言い回しがよかった、このような態度がよかったというような、何らかの具体的な事柄があってこそ、単なるおだてでなく、心のこもったほめ言葉だということが伝わる。
しかも、こうすることによって、相手は自信を持ち、もっと積極的になるだろう。ほめることによって本人の力もつき、言った人間も信頼されることになる。

例

功績 「係長の交渉術、誠実さが伝わっていいですねえ。口下手だなんて、とんでもないじゃないですか」

能力 「係長みたいなのが本当の頭のよさなんですね。もっと頭の回転の速い人はいるかもしれないけど、一番説得力があるのは係長ですよ」

容姿「○○さんのヘアスタイル、本当に素敵ね」
持ち物「使い込んで味のあるバッグですねえ」
センス「人柄がにじみ出るようなセンス、とても味があっていいですね」
生き方「静かにみんなを見守っているという生き方、落ち着きがあって素敵ですね」

テクニック7

失敗を慰める

ほめというのは、うまくいったときに大げさにたたえるときにだけ用いるものではない。**失敗したとき、それをフォローして慰める**のも、大事なほめだ。

その場合には3つの方法がある。第一の方法は、「失敗ではない。十分にうまくいった」ということを示す方法だ。実際に、本人が失敗したと思っていたとしても、それほどではないことがある。見方を変えれば、むしろそれでよいのだということもある。それを少し大げさに伝える。

ただし、あまりに慰めている様子が強いと、相手も「もしかしたら、この人は無理やりほめてくれているのではないか」という疑念が生じる。あまり大げさに言う必要はない。「よかったですよ」と一言言って、「……のところなんて、さすがです」などと少し具体的な点を付け加えればよい。

第二の方法は、あえて欠点を指摘する方法だ。ただし、その欠点は致命的なものでなく、ありきたりのものが好ましい。たとえば、誰かがかなりお粗末なプレゼンをした後、「ひどいプレゼンでしたねえ、準備不足でしたねえ」などと言わず、「もう少しわかりやすいグラフにしていればよかったですね」「マイクの音量をもう少し上げればよかったですね」などと言うわけだ。

こうすることで、もっと肝心の大きな問題から目をそらし、精神的な責任逃れをすることができる。要するに、「失敗はしたけれど、それは致命的なことではない。ちょっとした失敗だ」「能力を疑われるような失敗ではなく、ちょっとした偶発的な原因による失敗だった」と言い含める方法だ。

第三の方法として、本人に代わって言い訳をすることだ。「時間帯がよくなかったですね。もっと別の日にするべきでしたね」「準備に時間がなかったんだから、仕方がありませんよ。準備不足の割には成果は十分に上がったと思いますよ」「課長の評価が低いのは、たまたま課長好みではなかったからですよ」などの方法がある。失敗した人間が考えていそうな言い訳を代わりに言うつもりでいればよい。

いってみれば、不可抗力のせい、あるいは他人のせいにしてしまうわけだ。しかも、本人が言い訳を言い始める前に、それを察知して言うのが望ましい。それが難しかったら、本人が言い訳を言い出したら、それに応じて、それを肯定し、それに関連したほかの要因などを口に出すと効果的だ。

ただし、いずれの場合も、**上から目線で慰めたのでは、むしろ偉そうな印象を与えて相手は不愉快になる。**あくまでも、これから失敗を取り返すために自分も支えるという立場をくずさないことが大事だ。

例

功績「ほかの人がやったら、もっと悲惨だったと思います。係長だったから、これだけの損害ですんだんですよ」

能力「係長の力があったら、すぐに見返してやれますよ。今回の件でみんなが結束しているから大丈夫ですよ」

容姿については失敗する事例がないので、用いることは少ない。

持ち物「悪くないですよ。シックな雰囲気が出てますよ。ふだんの係長とは違う雰囲気ですけど、それはそれで素敵ですよ」

センス「ご自分で思っているほど、悪くはないですよ。シックに決まってますよ」

生き方についても、失敗についてほめる必要はない。

テクニック８

けなしてほめる

いつもほめていると、心にもないことを平気で言うオベンチャラ人間と思われてしまい、信用をなくす。そう思われないための方法がある。それは、時に軽くけなすことだ。たとえ、相手が上司であったとしても、それをすることによって、周囲からは率直な人間という印象をもたれることがある。

ただし、もちろん肝心なことについてけなしては大変なことになる。仕事人間に対して仕事の成果についてけなすと、一生恨まれても仕方がない。

だから、もちろん仕事関係についてはけなすわけにはいかない。けなすとすれば、運転が下手、歌が下手、子どもの前ではデレデレする、手先が不器用、片づけが苦手といったことが望ましい。相手が重きを置いていないところをみはからって、「課長の運転を見ましたけど、何度も何度も切り返してましたねえ」、「課長の歌を聞くと、何の歌かわかるまでしばらくかかりますね」などと言うわけだ。

もちろん、そのような**けなし言葉は、実はほめ言葉でなくてはならない。**歌が下手なのは愛嬌《あいきょう》であって、それに勝る能力があるということを示す必要がある。だから、「歌が下手なのを聞いて、係長もスーパーマンじゃないんだとわかって安心しました」というように使う。

ただし、注意が必要だ。周囲には無頓着に見えても、本人は気にしているのかもしれない。ひそかに劣等感を持っているのかもしれない。不用意に「運転が下手」と指摘したら、相手は心の底から怒るかもしれない。あるいは、消沈するかもしれない。人間の心は外からは見えないので、注意をする必要がある。

プライドの高い人、傷つきやすい人に対してこのような方法を使うのはあまりに危険だ。また、知り合って間のない人にも使わないほうがよいだろう。すでに親しくてかなり遠慮なく話のできる人に対してのみ使用できる。

例

功績については基本的にけなすことができない。

能力 「係長、運転は下手なんですねえ。このあいだ、車庫入れに苦労しているところ、ずっと見てましたよ。係長にも苦手なことがあるんですね」

容姿 「美人すぎて、損をしてるんじゃないの？」

持ち物 「このバッグ、ちょっと○○さんには地味すぎるんじゃないですか？　○○さんには、もっと派手なほうが似合いますよ」

センス 「係長、そのネクタイのセンス、どうにかなりませんか。容姿端麗の係長として有名なのに、センスが悪いと思われますよ」

生き方 「○○さん、生き方が不器用なんですよ。だから、損をしてるんじゃないですか？」

テクニック 9

他人に向かって代わりに自慢する

先に述べたとおり、人間は自慢したい心を持っている。機会をとらえて自慢したいと思いながら、理性でこらえて踏みとどまっている。

そんな場合、複数の人間が集まっているとき、本人に代わって他の人に向かって自慢をするのがうまい方法だ。「実は課長は、その名人なんですよ」「それを最初にやったのが、課長だったんですよ」などなど。

こうすることで、大事な広報係として重宝され、かわいがられることになる。もちろん、それがあまりに大げさであったり、ウソであったりすれば軽薄なごますり人間なのだが、それが事実であれば、話をしっかりと回していることになり、数人の集まりにはなくてはならない人間とみなされるようになるだろう。

これについては、**本人のほめてほしいと思っていることを口に出すのが基本だ。何を自**

慢したそうなのかを察知して、それを口にするように心がける必要がある。

例

功績　「実は、今回のプロジェクトを成功させたのは、係長なんですよ。資金をほとんど使わないで、２億の収益をもたらしたのは会社創立以来、初めてなんですよ」

能力　「係長のカラオケはプロはだしですよ。一度、一緒に行かれたらどうですか。上手とかどうとかという問題ではなく、歌を聞いて感動しますからね」

容姿　「見てわかるとおり、この方、元ミス・キャンパスなんですよ」

持ち物　「係長は持ち物にもこだわりがあって、ほら、今もロレックスなんですよ」

センス　「見てわかると思うんですが、この人、センスがいいでしょう。いつもこうなんですよ」

生き方　「会社で一匹狼と言われているんですが、それなのにみんなから愛されているんですよ。だから人によっては一匹猫なんて呼んでいる人もいますけどね」

テクニック 10

将来性に期待する

ほめるのは、もちろん目上の人にだけ使うわけではない。目下の人間もおだてる必要がある。ほめたりけなしたりして、部下のやる気をかき立てるのが、上司のもっとも大きな仕事といって間違いない。

目下の人間に対しても、ここまでに説明してきたようなテクニックがすべて使えるが、目下の人にのみ使えるテクニックもある。それが、将来性に期待する方法だ。

言うまでもなく、この方法は目上の人には使えない。上司に向かって、「課長は能力があるので、きっと今度の仕事、うまくいきますよ」などとは言えない。他人の将来性についてほめるのは、目上の人にしかできないことだ。だが、相手が目下の人間であって、まだ十分な功績をあげていない場合、この方法が使える。

「君には力がありそうだから、思い切りやって大丈夫だよ」「これまでやってきたことを信じてやれば、十分にできるだろう」「君は独創性がありそうだな」「なかなかいいセンスなので、それを生かせるよ」などと使うことができる。

ただし、部下に使えるとはいえ、同じ言葉を多くの人に使わないように気をつける必要がある。このような部下に対するおだては、一人一人をしっかり見て、その個性を記憶しているとアピールするところに意味がある。みんなに同じような言葉をかけていたのでは、声をかけられたほうはそれに気づくとがっかりする。そうなると、言ったほうも信頼をなくしてしまう。

テクニック 11

聞き上手になる

ほめるのが苦手な人であっても、簡単にできる方法がある。それは聞き役に回ることだ。

人は自慢したがる。だから、その自慢をしっかりと聞き、いっそう自慢したくなるように促すのも、立派なほめの一つといえるだろう。それであれば、多くの人が無理なくできるだろう。

とはいえ、じっと黙って聞いているだけでは、少し物足りない。少し工夫がほしい。

まず心がけることは、うまく相づちを打つことだ。ただし、いつもいつも「はい、はい」では芸がない。

「ほう」「へえ、なるほど」「言われてみれば、そうですね」「まさか！」「そりゃまた、すごいですね」「やりますねえ」など、様々なパターンがあるだろう。そうした相づちを少し意識的に使ってみる。こうした相づちがすべておだてになっていることに気づかれるだろう。これだけで相手は話を進めたくなる。

時に質問を加えてみるのもいいだろう。

「へえ、で、どうしたんですか」「それは、どういうことですか」「そのあと、どうなりました」など、相手が聞いてほしいと思っていることを質問する。こうして、関心があることを示して相手に自慢話をさせやすくする。

問題２

次のような人をほめてください。

① 会社の慰安旅行で北海道に行った。そのツアーコンダクターの女性にお近づきになりたい。どのようにほめて、親しくなる？

② 小企業の社長ら数人に連れられてカラオケに同席。高齢の社長の昭和懐メロを聞かされた。お世辞にも上手とは言い難い。その後、トイレに行ったら、社長と顔を合わせてしまった。どうほめる？

第4章

「説明力」を制する者はすべてを制す

仕事も人間関係も劇的に変わる7か条

説明がうまくなると、すべてがうまく回りだす

もう十分におわかりいただけただろう。

上手に言葉を使って説明することによって、様々なことを人に理解してもらえるようになり、説得できるようになり、人をほめることができるようになる。そうなれば、これまで世渡り下手だと思っていた人も、人生を好転できる。本書の中で伝授したテクニックを実行すれば、必ずや世渡り上手になり、万事がうまくゆく。あとは実行のみ。

だが、中にはなかなか実行できない人がいる。「テクニックを実行すれば、人生を好転できることもわかった。でも、実行するのは私には無理」。そう考える人が必ずいる。

そのような人に不足しているのは、心構えと覚悟だ。心構えができない。迷いがある。一歩踏み出せない。だから覚悟ができない。いつまでも迷うばかりで実行できない。

そこで、本章では、そのようにして少し自分の生き方を変えて、自分の力で生活を快適にするための心構えを7か条挙げよう。

これから挙げる心構えがあってこそ、これまで説明してきた会話が成り立つ。それが効果を発揮する。これらの心構えを忘れてしまうと、基本が身につかず、これまで説明した会話をマスターしても、十分に効果を発揮しないかもしれない。

心構え１　セルフ・イメージから脱出しよう

自分を変えることに臆病な人がいる。そのような人たちは、「自分はこんな人間だ」というセルフ・イメージにこだわっている人が多い。

「私は内向的な人間だ。だから、人と話をするのは苦手だ。人前で話はできない」「どうすればうまく話せるかはわかったが、そんなことは内気な私にはできない」。そんなふうに思うようだ。

私はそのように思う人を「傲慢だ」と思う。そのような人たちは、それほどまでに自分というものを変えることのできない、すでに完成された、ある意味で立派なものだと思っているのだろうか。

私はこの書が出るころには、きっと69歳になっているだろう。かなりの年齢だ。そして、私も自分でかなり内気な人間だと思っている。人と話をするよりは自室にこもって音楽を聴いたり本を読んだりしていることを好む人間だ。子どものころからそうだったし、今でもその傾向が強い。だが、だからといって、少し外交的になって自分を変えることができないほど内気な人間だとは思っていない。それほどのものではない。そもそも、まだ私の性格は完成されていない。

人間の性格なんて、状況によって変化するものだ。私くらいの老人でもまだまだ変わる可能性がある。近い将来、老人ホームで暮らすようになるかもしれないが、きっとそこに入ったら入ったで、それにふさわしい生活がそれなりにはできるようになるだろう。それができないほど、私は確固とした人間ではない。

「私は内気だから、そのようなことはできない」という人間は、内気であるために人生で損をしている自分を愛しているのだろう。まるで自分が太宰治になったような気になって、不遇の自分、世慣れない自分にうっとりしているのだろう。それならそれでいい。それを貫き通せばいい。だが、そうした自分から少しでも抜け出して、もう少し人間関係を好転させたいと思っているのだったら、少し行動してはどうだろう。

簡単なことだ。「私はこんな人間だ」という思い込みをなくせばいい。「こんな傾向が今まで強かったけれど、少しは変われるだろう」、そう思うだけで随分と違う。

実は私自身も以前はそうだった。引っ込み思案で気が弱くて人前での行動が苦手で対人恐怖だった。だが、状況に追い込まれて予備校講師をしてみたら、これがなかなかうまくいった。パフォーマンスはできなかったが、それなりの講師になった。講演依頼が来るようになった。初めは自信がなかった。だが、これもやってみると講演にも慣れてきた。テレビのバラエティ番組にも何度か出演した。下手ながら、何とかこなした。

誰でも、このくらいのことはできる。腹を決めれば、内気な人間でもそれなりのことができる。名だたるコメディアンも、実は内気だったという話はよく聞く。新型コロナウイルスで亡くなって日本中を悲しませた志村けんさんも実生活ではとてもシャイだったことが知られている。

要するに、一歩踏み出すかどうかだ。セルフ・イメージという殻を少しだけ破れば、あとは勢いがつく。その思い込みをまず破ることが大事だ。

心構え 2 言葉の力を信じよ

説明し、説得するのに用いられるのは、言葉だ。人は言葉によって、他者に働きかける。実は、言葉は普通に人が考えるよりもずっと大きな力を持っている。それを信じなければ、説明も説得もできない。

そもそも、**人間関係をつくるのは言葉だ。**

友人をつくるとき、言葉をかけることから始まるだろう。誰かと友達になりたいと思うきっかけになるのも、人の用いる言葉によるのではないか。誰かが何かの言葉を発するのを見て、その人物を判断し、その人物に好意を持つ。言葉から友情が始まり、友情を維持させるのも言葉によることが大きい。

もちろん、恋愛関係も言葉による。言葉によって相手を信頼し、愛情を確かめ、愛を語り、愛を深める。言葉のない愛情はありえないだろう。

友情や愛情を失うのも、言葉によることが多い。不愉快なことを話したり、価値観の違いをあらわに示したり、時に言葉によるいさかいを起こしたりして、人と人は断絶を行う。もちろん、人の行動によって断交が起こることもあるが、その場合も、言葉による言い訳に説得力があれば関係は維持できるだろう。

トランプ大統領がアメリカで人気を得たのも、テレビ番組で、「おまえはクビだ！（You're fired !）」という言葉がきっかけだったという。東進ハイスクールの林修先生（かつて私の同僚だった！）が人気を博したのも「今でしょ」という言葉であり、その後の言葉の的確な使用だった。小池百合子都知事はニュースキャスターとして言葉の力で人気を得て政治家になり、「排除します」で失速し、新型コロナウイルスでの発言で信頼をとり戻している。

政治家も芸能人も言葉によって信頼を得たり、失ったりしている。

それだけではない。言葉はないものをつくり出すことができる。「あ、ＵＦＯだ」と誰かが空を見上げて叫んだら、多くの人がそれを信じるだろう。小説は言葉によって、実際には起こっていないことを、読んでいる人に起こっているかのように語るものだ。言うまでもなく、小説は言葉でできている。

嘘であっても、言葉を上手に使えば信じてもらえる。逆に、事実であっても、言葉の使い方が下手であれば、信じてもらえない。事実を語っているのに、それは周囲の人にうそをついているように思われてしまう。

私は大学で教えていた時期、「私はコミュニケーション力があります」と書く自己ＰＲ書をたくさん読んだ。その多くが、あまりに文章が下手なために、誰もそれを信じないだろうと思われるような内容だった。だが、実際の本人は、本当にコミュニケーション力があることも多かった。

自分の子どもに対して、「おまえはバカだ、何もできない」と言い続けていたら、子どもは本当にバカになり、何もできなくなるだろう。「おまえはできる。努力すれば、できるようになる」と語り続けていれば、それが実現する可能性が高いだろう。このような意味でも、言葉が現実をつくっている。

言葉によって、人を傷つけることができる。絶望させ、自殺に追い込むこともできる。逆に、絶望している人間に希望を与え、生きる意欲を与えるのも言葉だ。言葉によって多くの人々を勇気づけ、人々に生きがいを与えることもできる。

少し大げさに言えば、**世界をつくっているのは言葉だ。**言葉の力は計りしれない。時に、使い方を間違えると、取り返しのつかないことになる。だが、上手に使うと、自分の人生や他人の人生を好転させることができる。言葉によって社会も変わっていく。

そうしたことを十分に自覚して、言葉を使う必要がある。

心構え３

人と人は本当には理解しあえないと心得よ

人と人は本当には理解しあえない。少なくとも、それを前提にして行動するべきだと私は考えている。

もちろん、理解しあう姿は美しい。しばしば理解しあえた気持ちになって、友情や愛情を他者に覚える。だが、現実世界で生きるうち、私は人間と人間は理解しあえないと考えるようになった。

他人が何を考えているか、すぐそばにいてもわからない。愛し合っていると思っていてもそうでないことがある。信頼していた仲間に突然裏切られたり、思いもよらない男女がひそかに愛し合っていたりする。信じられないような途方もない行動をとる人もいるし、まったく違った価値観で行動している人もいる。何よりもお金が大事な人もいれば、お金に無頓着の人もいる。さまざまな宗教を信じている人も、信じていない人もいる。

それなのに、多くの人が理解しあえるという幻想を抱いている。だが、それはむしろ好ましくないのではないか。

もし、**互いに理解しあえると思うと、互いに自分のことをわかってくれない相手に不満を持つ**だろう。「こんなに愛しているのに、なぜわかってくれない」と考えてしまうだろう。

これこそ一方的な愛情、すなわちストーカーの論理だ。だが、理解しあえるという前提で行動すると、多かれ少なかれ、そのような感情を持つことになる。

しかも、理解しあえると考えると、甘えが出る。口に出さなくてもわかってくれるだろうと思う。そして、わかってくれなかったら、またまた不満を持つ。

理解しあえるとすると、同じ価値観を持っているということになる。だが、同じ価値観を持つことは難しい。それを他者に強要することはできない。それをすると全体主義社会になる。人それぞれ異なった価値観を持って、みんなが自分らしく生きていける社会こそが、これからの社会の理念であるべきだ。

そうだとすると、互いに理解できないという前提に立って、その上で、ともに平和に、互いに相手を尊重して生きていくにはどうすればよいのかを考えるほうがよい。

つまりは、できるだけ他人に甘えず、自分の考えはきちんと相手にわかってもらうように説明し、他者の考えも勝手に決め付けずに、できるだけ確かめるようにする。そして、どうしても理解しあえないことがあったら、そこには立ち入らないようにする。理解しあうことを目指すよりも、互いの価値観を尊重し、同じ価値観を強要しないようにする。

人と人が理解しあうことは、永久に来ないだろう。もし、理解しあえるとすると、それは個人個人の価値観が異なることを否定し、みんなが同じように考える社会になってしまう。むしろ、そのほうが危険なことなのだ。

人と人がうまく折り合うコツ、それは、人と人は理解しあえないことをはっきりと認識することだ。それを出発点にすれば、まるで理解しあっているかのように生きていける。

心構え4

ギブ・アンド・テイクを守れ

言うまでもないことだが、人と人は平等であるべきだ。もちろん、社会的地位には差がある。目上の人間と目下の人間がいる。年齢差もある。社会経験の差もある。貧富の差、能力の差、発言力の差がある。それらを否定することはできない。

だが、それらは部分的なものであって、人間としての価値に差はない。どんなに目下の人であっても、目上の人と人間としての価値が異なるわけではない。同じように命を重視するべきであり、同じようにその人の意思を何よりも重視するべきだ。相手の意向にお構いなしに強制することはできない。暴力や屈辱を与えることはできない。叱ったり罵倒したりするにせよ、そこには何らかのフォローが必要だ。目下の人間であっても、自分の意に反するものであれば、拒否する権利もたてつく権利もある。

それが成り立つためには、互いに尊敬しあう必要がある。尊敬できない人間には、心の中で対等にはできない。人間にはどこか尊敬できるところがあるものだ。無理に見つけようとすることもない。虚心に考えれば、その人の尊敬できる部分は見つかるはずだ。自分にはまねのできないこと、その人ならではの人間性、能力、雰囲気があるだろう。もし、見つからないとすると、その人と同じ場所にいることに耐えられなくなるはずだ。

人と人が遠ざかったり、仲たがいしたりするときは、お互いに尊敬しあうという関係が成り立たなくなったときだ。対等のはずだったのに、どちらかが出世して、一方を軽蔑するようになったり、命令するようになると、関係は崩れる。一方がひどい人間だとわかったりしたときも、敬意を持てなくなって、人は離れていく。

同じ場所にいる限りは、他者に敬意を持つ必要がある。

そのためには、ギブ・アンド・テイクを原則にするのが望ましい。

すなわち、何かをしてもらったら、必ずそれに見合うものをお返しする。うれしいものをもらったら、相手が喜ぶようなものを返す。イヤな目にあわされたときも、泣き寝入りはしないで、それなりのお返しはする。倍返しをする必要はない。少なくとも、半分程度のお返しをする。

もし、他人によいことをしてもらって、お返しをしなかったら、一方的に与えてもらうだけになってしまう。それが続くと、施しをされているだけになる。常に相手に感謝していただくだけになってしまって、上下関係が固定してしまう。いつの間にか、従属関係が出来上がり、もらうほうは、与えるほうに頭が上がらなくなる。そればかりか、もらうほうは、常にもらうことが当然になってしまい、それを期待し、時にはねだるようになってしまう。そうなると、互いに尊敬する対等の関係ではなくなる。

あるいは、逆に場合もあるかもしれない。一方的にプレゼントをするだけだったとすると、プレゼントを与えるほうは、お返しをもらわないとすると、一方的に貢ぐだけの存在になってしまう。プレゼントをもらうほうは、目下のものからプレゼントをもらうだけで、相手に敬意を払わないことになってしまう。これが続くと、あるときプレゼントしていたほうが怒りを爆発させて、「こんなにプレゼントしたのに、何も返してくれない」と怒って、関係を断つことになる。あるいは、もっと悲劇的なことになる。ストーカーなどもこのようなこじれが原因になっていることも多いだろう。

だから、プレゼントをもらったら、それに見合うお返しをするか、もうプレゼントをしないように頼むかのどちらかしかない。

ただしそれに見合うお返しをしようとすると、実際にはなかなか難しい。どのくらいがそれに見合うのかの価値観が異なる。お金に換算できるものをもらったのなら、もらったものとほぼ同額のものを返せばよいが、何かをしてもらったとき、それをどのくらいに評価するかが難しい。

それにお金に換算できるものをもらったにしても、お金で返せない場合、労働や行為によって返す必要がある。それもどのように評価するかが難しい。与えた側が大きな評価をしているのに、お返しが少なすぎる場合も考えられる。だが、ともあれ、ほぼ同じ価値と思われるものを返すように心がける必要がある。

悪いことをされた場合も同じことが言える。

悪いことをされて、そのままにしていたら、一方的にいじめられている状態になる。暴力をふるわれたり、嫌みを言われたりして、それを耐えるだけになってしまう。そして、相手よりも弱い存在、意地悪をされても当然の存在になってしまう。

そうならないためには、誰かに暴力をふるわれたら、それなりの仕返しをする必要がある。少なくとも、自分はやられたままになる人間ではないのだと示す必要がある。あなたがもし寛大にしてあげたり、許してあげたとしても、相手がそう思うとは限らない。逃げ出したと思うかもしれない。だから、きちんと相手にあなたが逃げ出す人間ではないことをわからせる必要がある。

もちろん、暴力に対して暴力で返す必要はない。別の形で返すのでかまわない。何らかの形で仕返しをするのが義務なのだ。

ただし、気をつけなければならないのは、与えられた悪以上のものを返すと、それが復《ふく》讐《しゅう》の連鎖を読んでしまうということだ。それ以上のことをやり返すと、相手はまたそれ以上のことをしようとしてくる。そのような復讐の連鎖を止めるためには、寛大な気持ちになって、与えられた悪の半分から3分の2くらいのお返しをするつもりでいることが望ましい。

ただし、実際にどのくらいが半分で、どのくらいが3分の2であるかはわかりにくいが、そのような心持ちでいることだ。

心構え5　できるだけ早めに強く反対せよ

おとなしくしていると、いつの間にか、存在感が薄れてしまう。他人に反対しないで、いつも「おっしゃる通りです」「その通りです」と言っていると、イエスマンとみなされ、存在感が減る。徹底的なイエスマンになり、手先となって働く覚悟があるのならともかく、そうでなければ、周囲からは存在感のない人間とみなされる。

周囲に正当な評価を得られるためには、「そうです」と言わないで、「どうですかねえ。

少し検討させてください」「ちょっと問題があるかもしれません。考えてみます」と言うだけでよい。それを言えない人が少ないようだが、それは決して相手を困らせる言葉ではない。むしろ慎重に検討していることをアピールすることにもなる。何でもすべて肯定するよりもずっと信頼感を増すことができる。

それもなるべく早くそうする必要がある。長い間、反対をしないで従順にしていると、それが当然という雰囲気ができてしまって、反対意見を言えなくなる。自分でも反対することになれなくなって、つい口をつぐむことになる。そうならないためには、なるべく早い時期に、激しく反対したり、声を荒立てたり、不満足な様子を見せたりする必要がある。

プロジェクトが始まって3回目の打ち合わせあたりが適当だ。それを過ぎても賛成していると、「反対しない人」とみなされる。最初から反対ばかりしていると、「何にでも反対する人」「自分以外の意見を認めない人」とみなされてしまう。3回目あたりが適当だ。

ただしもちろん、それに正当性がなければ説得力がない。明らかに相手の意見が間違っているとき、かなり自信があるとき、しっかりと反対するつもりでいるとよい。「今日はそろそろ反対をするべきだ」と心にとめて会議に出席するのもいいだろう。

相手が目上でない場合、ときに厳しく叱責するのも大事なことだ。

もちろん感情的に怒鳴ってはならない。罵倒してはならない。そして、それは相手が納得しているような事柄でなければならない。「叱られても仕方がない」というような事例のとき、「いいよ、いいよ。次からこんなことのないように頼むよ」というのではなく、「なんてことをしてくれるんだ」「どんなにひどいことをしたのかわかっているのか」などと叱る。

心の優しい気の弱い人が怒鳴るのはなかなか難しいことだが、もし相手に見くびられていると感じたら、強く言っておくのもよいことだ。声を荒立てるのは、一年に1回程度でもよい。明らかに相手に非があるときに一喝する。それも、人の見ている前で一喝する。それだけで、「あの人を甘く見てはいけない」という空気が広まる。

ただし繰り返すが、それは相手が自分でも認めるような明らかな非がある場合でなければならない。そうでなければ遺恨を持つ。パワハラになってしまう。そうなると、面従腹背になってしまう。

心構え6

嫌いな人ともつきあう

社会生活を送る上で、嫌いな人とつきあうことが大事なポイントになってくる。

人間、必ず嫌いな人間がいる。「あいつとだけは一緒に仕事をしたくない」「飲み会にあいつが参加するのなら、私は遠慮する」、そのようなことがあらゆる組織で続いているだろう。

プライベートの場においては、それでまったくかまわない。嫌いな人とはつきあわなければいい。誘われても断ればいい。時にははっきりと「嫌いです」と言えばいい。

だが、プライベートでなければそうもいかない。組織の中であれば、嫌いな人ともつきあわなければならない。組織によっては、イヤなやつばかりと朝から夜まで一緒に仕事をしなければならない、というようなことも起こるだろう。

その対処法についていくつかあげておこう。

もちろん、もっとも正当的な手段としては、その人の尊敬できる部分を探すことだ。先ほど述べたとおり、人間にはどこか尊敬できる部分がある。少なくとも、自分ができないことを相手はできるだろう。それは尊敬に値する部分だ。そのようなことを考えると、必ずその人のよい面が見えてくる。そもそも、嫌いな人も自分なりの価値観を抱いており、それによって判断している。その価値観を理解することによって、ある程度はその人も理解できるだろう。愛情を持つ必要はない。敬意を持つことによって、嫌いな度合いを減らすことができる。

第二の対処法、それは嫌いな人間を利用すると考えることだ。感情的にコミュニケーションを取ろうとするから、その人を不快に感じる。だが、冷徹な人間となって、嫌いな人を上手に利用することを考える。嫌いな人が上司だったら、どのようにその上司を言いくるめて、部下の言いなりにさせるかを考える。嫌いな人が部下だったら、どのように上手にその人の能力を生かせるかを考える。イヤな人間であればあるほど、その人間の能力を発揮させることを考える。もちろん、嫌がらせをしたり強制をしたりするべきではない。あくまでもビジネス的に利用することを考える。

第三の対処法、それは精神的に距離を置くことだ。密着して考えるから嫌悪感が高まる。自分とは直接関係のない人、たまたま居合わせただけの人と考える。そのためには、私はその嫌いな人の言動を楽しむことが大事だと思う。今日はどれほどイヤなことをするか、イヤなことを言うかを楽しみにするようにする。それを記録しておくのもいいだろう。そうすれば、相手と適当な距離を置いて客観的に物事が見えるようになる。そうこうしているうち、相手のよいところも見えてくるようになる。

私自身について言うと、実は私は人を嫌うということがほとんどない。私を嫌っている人はかなりいるのかもしれないが、こちらはそのようなことを感じたことがない。少なくとも、ここ20年ほど、そのような意識を持ったことがない。私の場合、第三の対処法を実行しているといえるだろう。むしろ、いろいろな人の行動を楽しんでいる。おもしろがっている。その人の一部を嫌いになることはある。だが、ほかの面でよいところがある。こちらの対応次第では役に立ってくれる。それほど親しくつきあおうとは思わないが、仕事で行動するのに不都合はない。

心構え
7

発信力をつけよ

いまや、発信力がものをいう時代といえるだろう。

これからは、かつてのように黙って目上の人の指示どおりに行動すればよい時代ではない。人の気づかないところに気づいて独創性を示し、人の気づかない分析をして自分の意見をしっかりと持ち、それを他人にわかりやすく伝えることが求められる。**発信しなかったら、何も持っていないとみなされる。**人に見せてこそ、能力があるとみなされる。

プレゼン、会議での発言、レポートはもちろん、休み時間の世間話も発信にほかならない。そこで周囲の人に「できる人間」とみなされたら、一目置かれる人間とみなされ、仕事を与えられるだろう。そこで「愚か者」とみなされると、バカにされ、仕事を与えられなくなってしまうだろう。**発信によって人間の能力が測られてしまう。**

したがって、これからの時代を生き抜くには発信力を持つ必要がある。

そのためにはまず、文章を書くことと話をすることが大事だ。この二つの能力を持っていれば、発信することができる。話し方については、本書に詳しく説明したので、文章の書き方について簡単に示しておく。

私は「型」を上手に守ることが、文章をうまくまとめるコツだと考えている。

モーツァルトはなぜ35歳までに600曲以上の曲を作曲できたのか。なぜバッハは1000曲以上も書けたのか。それは「型」すなわち形式があったからだ。ソナタ形式、ロンド形式、三部形式、フーガなどという形式があるので、いちいちどのように構成しようかと考えなくても、自動的に作曲できた。

マンガやアニメの『ドラえもん』も同じことが言える。毎回ほぼ同じパターンで話は進む。ジャイアンにいじめられたのび太がドラえもんに道具を出してもらう、初めは普通に使っているが、欲を出して間違った使い方をしたために、大問題が起こる、が、なんとか解決する。そんなパターンがほとんどだ。しかし、そうであるからこそ、その「型」の中に物語を展開して、数百回、週千回と続いてきた。

「型」があったから、「型」にのっとって、誰にでもわかるように次々と書ける。それはど苦労しないで次々と書ける。

普通の人の書く文章は文学作品ではない。文学作品であれば、工夫が必要であり、個性が必要であり、ありきたりの型を使うべきではないが、一般人の書く仕事上の文章は型通りでよい。むしろわかりやすいこと、論理に沿っていることが望ましい。

ここに３つの基本的な型を示す。いずれも、通常ほとんどの人が無意識的に使っていると思うが、少し意識して書いてみたらどうだろう。

A　200字程度の文章の場合（頭括型）

- **第一部……ズバリと言いたいことを書く**
- **第二部……第一部で書いた主張の理由、そう考える根拠、その中身の詳しい説明、それを改善するための対策などを示す**

例

開発第二部の完全テレワーク化に反対です。

開発の発端になるのは、様々な考えの人や他分野の人との出会いであり、対話です。一人では視野が広まらず、むしろ考えが狭まってしまいます。多くの人との何気ないやり取りの中からアイデアが生まれます。他者との出会いの中でアイデアが生まれ、そのあと個人でのテレワークが生きてくることが多いのです。完全テレワークを行ったら、アイデアが生まれなくなり、閉塞した開発部になり、開発が停滞してしまう恐れがあります。

多くの人が普通に、この型を用いて文章を書き、話をしているだろう。だが、意識化していないために、時々、話が混乱して、意味不明に陥っているだろう。いずれにせよ、これを意識することによって、論理的に、しっかりと文章を書くことができるようになる。

200字程度の短い文章を書く場合、この型を用いることができる。また、長い文章であっても、その一部で何かを主張したいときに、この型を応用するといいだろう。

なお、これとまったく反対の型も使うことができる。B型を呼んでおこう。

B　200字程度の文章の場合（尾括型）

- 第一部……主張に至るまでの根拠などを説明する
- 第二部……第一部から導かれた結論を書く

例

開発の発端になるのは、様々な考えの人や他分野の人との出会いであり、対話です。一人では視野が広まらず、むしろ考えが狭まってしまいます。多くの人との何気ないやり取りの中からアイデアが生まれます。他者との出会いの中でアイデアが生まれ、そのあと個人でのテレワークが生きてくることが多いのです。完全テレワークを行ったら、アイデアが生まれなくなり、閉塞した開発部になり、開発が停滞してしまう恐れがあります。ですから、私は開発第二部の完全テレワーク化に反対です。

基本的にはA型を使うのが望ましい。A型の場合、先に結論を言って、そのあとで説明する形をとるので、話がずれていくことが少ない。しっかりと説明することができる。

ところが、実際の場面では常に、そうもいかないことがある。

A型で書いてしまうと、ずばりと意見を示すことになる。すると、読む人の意に沿わない結論であるかもしれない。ショックを受けるような事実の場合もあるかもしれない。そうすると、あとを読んでくれない恐れがある。そのような場合には、徐々にわからせてから、最後に結論を示すほうが好ましい。そのような場合にB型を用いるわけだ。

ただし、基本的にはこの二つの型は、前後をひっくり返すだけなので、実際に書くときには、それほど難しくはない。読み返してみて、状況に応じてひっくり返せばいいわけだ。

C　長めの文章の場合

次に、長めの文章を書くときに必要な構成法について説明しよう。俗にこれを開発した私の名前をとって「樋口式四部構成」と呼ばれている型だ。

樋口式四部構成は、「問題提起」「意見提示」「展開」「結論」という四つの部分で構成される。この形に従って文章を展開すれば、自然に論理的で説得力のある文章になるはずだ。

・問題提起

その文章で問題となる事柄、課題、テーマなどを明らかにする部分。企画書などの場合、ここで自分の提案する企画を明らかにするとよい。社外文書などの場合は、ここで用件を明らかにする。

・意見提示

問題提起で示した内容について、論の方向を定める部分。ある問題について論じる場合は、ここで反対意見などを示しつつ、自分の立場をはっきり示す。また、企画書や社外文書の場合は、ここで企画の内容や用件の内容を具体的に説明するとよいだろう。

・展開

自分の意見などの根拠をしっかりと説明する部分。説得力のある文章を書くためには、この部分がもっとも重要になる。ここで、自分の意見を補強するための具体例や状況分析などを掘り下げる。社外文書の場合は、ここで企画の意義や用件の意義をくわしく述べる。

・結論

全体を整理して、もう一度自分の意見を確認するだけでよい。社外文書の場合は、相手にこれからの予定を確認することなども必要かもしれない。

例

開発第二部の完全テレワーク化が議論されている。これについて私の意見を述べたい。

確かに、テレワークには利点がある。第一にメンバーは通勤に時間を取られずに有効に開発に力を入れることができる。新型コロナウイルス問題の最中、オンライン会議が十分に機能し、実際の会議で黙りがちなメンバーの意見もオンラインによって吸い上げることができることもわかった。したがって、テレワークの機会を増やすことについて異議はない。しかし、現在議論されているような完全なテレワーク化を推し進めることには私は反対である。

理由は二つある。第一に、開発の発端になるのは、様々な考えの人や他分野の人との出会いであり、対話だと考えるからである。一人では視野が広まらず、むしろ考えが狭まってしまう。多くの人との何気ないやり取りの中からアイデアが生まれることが多い。他者との出会いの中でアイデアが生まれ、そのあと個人でのテレワークが生きてくる。完全テレワークを行ったら、アイデアが生まれなくなり、閉塞した開発部になり、開発が行われなくなる恐れがある。第二に、連帯意識の欠如を招くことである。同じ場所に集まって仕事をし、言葉を交わし、利害を一にしているからこそ、連帯意識が生まれる。テレワークになると、社員同士の連帯意識がなくなり、協力して開発をし、それによって売り上げが上がったことを喜ぶ機運がなくなる。自分の帰属意識が薄れ、会社とともに人生を進もうという意識も薄れる。結果的に開発も進まなくなる恐れがある。

以上述べたとおり、私は完全テレワーク化に反対である。せめて週に２回程度、最悪でも週に１回の全員出勤日が必要だと考える。

問題1

①

回答例1　顔が広くて、多くの有力者と対等につきあわれているAさんにXさんを紹介していただけると、こんなうれしいことはありません。私にとってはAさんだけが頼りでして、紹介していただけないと今度の企画が延期になって、私は御社の担当を外されることになりそうです。私以外の者が担当になりますと、Aさんとツーカーというわけにはいかなくなると思いますので、できましたら、今のうちにぜひお願いします。

〔解説〕前半少しほめておいて、そのあと「うまくいかないと私は担当を外されてしまう」という泣き落としのテクニックを使い、「依頼をかなえるほうが得だ」ということを最後ににおわせている。

回答例2　「困ったことがあったらいつでも言ってくれ」とおっしゃっていただいておりましたので、今回、言葉に甘えさせてください。Xさんを紹介していただきましたら、ご依頼いただだいている件も、何とかするように私の方から担当課長に強く言っておきます。

〔解説〕前半は言質を取るテクニックを用いて、後半、依頼をかなえてくれたほうが得だとにおわせる。

②

回答例1　プレゼンで私が失敗しますと、これまで必死にやってきた仲間の努力を裏切ることになってしまいますので、今回は欠席させてください。時間ができましたら、こちらからお誘いさせてください。

〔解説〕「仲間を裏切るわけにはいかない」という正論を前面に押し出してやや大げさに説明し、のちにこちらから誘う姿勢を示して誠意を理解してもらっている。

回答例2 先輩も言っていた「ここぞという時」というのは、まさに今度のプレゼンだと思いますので、先輩のアドバイスを思い出してしっかり準備しようと思います。次にこちらから誘うときは、もしプレゼンがうまくいっていたら、アドバイスのお礼にちょっとだけごちそうさせてください。

〔解説〕先輩がかつて語っていたことに言質をとっておだてつつ、後半、言うことをきいてくれたら得をすることを付け加えている。なお、このように言うと、ほとんどの先輩は「いやいや、ごちそうなんてしてくれなくていいよ」と答えるだろう。

問題2

①

回答例1 手際のよさに驚いちゃいました。私たちでもあの課長にどう対応すればいいのか困っているんですけど、さすがに上手にかわしましたね。参考にさせてもらおう。

〔解説〕ツアーコンダクターにとって、客とのコミュニケーションが最も重要な仕事だろう。それゆえ、コミュニケーション力に自負を持っているだろう。そのことをほめてお近づきになる。

回答例2 お声がとてもきれいですね。特にサ行に私はうっとりします。北海道の説明をしているだけでも、つい聞きほれてしまいますよ。ご自分でも意識しているんですか。

〔解説〕 声をチャームポイントだと自分で意識しているかどうかわからないが、その人の能力の一部をほめると効果的だ。その場合も、サ行がきれいなどというように具体的なことを入れると一層リアリティが増す。

②

回答例1 私、物心がついたのは平成なんで、初めて昭和の歌を聞いたんですけど、味があっていいですねえ。懐かしい雰囲気がありますね。社長が歌うからそんな味が出るんですかねえ。

〔解説〕「上手」というレベルに達していないときには、「味がある」「個性的だ」というほめ方がある。その場合も、少し具体性を持たせて「懐かしい雰囲気」などと説明を加える。

回答例2 歌われるときの社長の顔の表情が勉強になりました。歌にのめり込むのでなくて、歌いながらもきちんと聞いている人の反応を見ているんですよね。人の上に立つ人はこうでなくっちゃと思いました。

〔解説〕歌をほめるのが難しいときには、歌以外のこと、態度や表情をほめることができる。本人がとくに意識していないことであっても、ほめられれば悪い気はしないものだ。

本書は、小社より2014年6月に刊行された『人に好かれる!ズルい言い方』を新書化にあたって改題し、大幅に加筆修正、再構成したものです。

人生を自由自在に活動《プレイ》する

人生の活動源として

いま要求される新しい気運は、最も現実的な生々しい時代に吐息する大衆の活力と活動源である。

文明はすべてを合理化し、自主的精神はますます衰退に瀕し、自由は奪われようとしている今日、プレイブックスに課せられた役割と必要は広く新鮮な願いとなろう。

いわゆる知識人にもとめる書物は数多く窺うまでもない。

本刊行は、在来の観念類型を打破し、謂わば現代生活の機能に即する潤滑油として、逞しい生命を吹込もうとするものである。

われわれの現状は、埃りと騒音に紛れ、雑踏に苛まれ、あくせく追われる仕事に、日々の不安は健全な精神生活を妨げる圧迫感となり、まさに現実はストレス症状を呈している。

プレイブックスは、それらすべてのうっ積を吹きとばし、自由闊達な活動力を培養し、勇気と自信を生みだす最も楽しいシリーズたらんことを、われわれは鋭意貫かんとするものである。

―創始者のことば―　小澤和一

著者紹介

樋口裕一（ひぐち　ゆういち）

1951年大分県生まれ。早稲田大学第一文学部卒業後、立教大学大学院博士課程満期退学。フランス文学、アフリカ文学の翻訳家として活動するかたわら、受験小論文指導の第一人者として活躍。現在、多摩大学名誉教授、東進ハイスクール講師（小論文）。通信添削による作文・小論文の専門塾「白藍塾」塾長。MJ日本語教育学院学院長。250万部の大ベストセラーとなった『頭がいい人、悪い人の話し方』（PHP研究所）のほか、『バカに見える日本語』『この一冊で芸術通になる大人の教養力』（以上、小社刊）、『頭の整理がヘタな人、うまい人』（大和書房）、『「頭がいい」の正体は読解力』（幻冬舎）など著書多数。

頭《あたま》のいい人《ひと》の「説明《せつめい》」はたった10秒《びょう》！　青春新書 PLAYBOOKS

2020年8月25日　第1刷

著者　樋《ひ》口《ぐち》裕《ゆう》一《いち》

発行者　小澤源太郎

責任編集　株式会社プライム涌光

電話　編集部　03(3203)2850

発行所　東京都新宿区若松町12番1号 〒162-0056　株式会社青春出版社

電話　営業部　03(3207)1916　振替番号　00190-7-98602

印刷・図書印刷　製本・フォーネット社

ISBN978-4-413-21169-7